SUSANNE KROLL

DIE ERINNYE

RIEN NE VA PLUS
ein mörderisches Spiel

Kriminalgeschichten

ARA Verlag

Dieses Buch ist zwei mir sehr nahe stehenden Personen gewidmet. Meiner lieben Mutter, Erika Kroll, die mir indirekt die Idee brachte. Ohne sie würde dieses Buch vielleicht gar nicht existieren.
Danken möchte ich auch meinem lieben Freund Jens Jänicke, der mir den Rücken stärkte und mir über manche gedankenleere Zeile hinweg half und mich immer aufs Neue inspirierte.
Susanne Kroll

Die Deutsche Bibliothek - CIP-Einheitsaufnahme
Kroll, Susanne:
Die Erinnye : Kriminalgeschichten / Susanne Kroll.
- 1. Aufl. - Quedlinburg : Ara-Verl., 2001
ISBN 3-934221-09-2

Copyright by ARA Verlag
Ballstr. 7, 06484 Quedlinburg
1. Auflage 2001
Alle Rechte vorbehalten
Druck und Bindung:
Sächsisches Digitaldruck Zentrum GmbH, Dresden
Lektorat: Dr. Jürgen Schultze-Motel
Titelbild: Susanne Kroll
ISBN 3-934221-09-2

Vorwort

Susanne Kroll lebt ihre Geschichten mit. Das merkt der Krimifreund sogleich an der lebendigen Art ihrer Erzählungen. Es scheint fast so, als suche sie, wie der Erstleser, den Täter noch selbst mit. Dadurch ergibt sich eine schnelle Lesart, die den Leser ständig vorantreibt und die Geschichten viel zu rasch zu Ende gehen lässt.

Doch Susanne Kroll hat viele Ideen. Deshalb gibt es in diesem Buch auch gleich zwei Geschichten und wir hoffen auf mehr.

Sigurd Rank

Die Erinnye

Seit drei Stunden sitzt Anna schon vor ihrem PC, doch ihre Gedanken sind zerstreut. Ihre Augen sind müde und etwas beunruhigt sie. Vor zwei Wochen hat sie noch bei Steve gelebt, aber nun lebt sie mit Boogie, einem Drahthaardackel, in einer kleinen Mansardenwohnung. Anna denkt an Steve 'Was er jetzt wohl gerade macht?' Ihr Herz schmerzt bei dem Gedanken an ihn. Er war Chefdesigner einer Frankfurter Werbeagentur, wo sie sich auch kennengelernt hatten. Das ist bei einer Jobsuche vor sechs Jahren passiert, als Steve sie zu einem Einstellungsgespräch eingeladen hatte.
    Er sah gut aus mit seinen stahlblauen Augen und dem Brad Pitt-Lächeln. Nach einigen Minuten wusste Anna, dass sie den Job bekommen würde. Er war sehr charmant mit ihr umgegangen und rief noch am selben Abend bei ihr an, um sie in ein sündhaft teures Restaurant einzuladen. Nach etwa einem Jahr zog sie bei ihm ein. Anna schwebte auf Wolke sieben bis zu dem Tag, als sie ihn mit dieser jungen Frau gesehen hatte. Sie war Steve nach Rostock gefolgt, um ihn in seinem Hotelzimmer zu überraschen, doch es kommt meistens anders als man denkt. Sie war auf dem Weg ins Hotel.
    Draußen dämmerte es schon und in den Häusern gingen langsam die Lichter an. Da plötzlich sah sie ihn in einem kleinen Cafe. Er sah sehr glücklich aus und das Mädchen war nicht älter als ihre kleine Schwester Caro, die gerade die Schule beendete.
    'Warum gerade ich?', dachte Anna und blickte Boogie an, worauf ihr spontan einfiel, dass die "Gassi-geh-

Zeit" schon lange überschritten war.

"Na los, gehen wir ein Stück, denn das wird mich hoffentlich auf andere Gedanken bringen", sagte sie zu Boogie, der wie aufgezogen durch die Wohnung flitzte.

'Wie konnte ich so naiv gewesen sein zu glauben, vor den Eskapaden eines Mannes geschützt zu sein. Schließlich liegt es in den Genen eines Mannes, sich in jeder Lebenslage zu profilieren', dachte sie und ging in die Nacht hinaus. Ihr Kopf war leer. Sie dachte an viele Sachen und doch an nichts. Das Einschlafen fiel ihr sehr schwer.

Am Morgen stand sie sehr früh auf, um mit Boogie eine Runde zu joggen. Danach zog sie sich sehr elegant an und fuhr mit ihrem Auto, einer "Ente", in die Stadt. Steve hatte es ihr zu ihrem 30. Geburtstag geschenkt. Das Auto war das einzige Erinnerungsstück, das sie behalten hatte. Alle anderen Sachen ließ sie achtlos zurück, als sie bei Nacht und Nebel sein Haus verließ.

Es dauerte etwa drei Stunden, bis sie endlich das Haus von Onkel Karl und Tante Thea erblickte. Der Feierabendverkehr war wieder mal nicht zum Aushalten. Tante Thea stand schon am Gartenzaun und wartete auf die Geburtstagsgäste, die in großer Zahl erschienen. Anna war ziemlich schlapp, doch als sie Onkel Karl sah, verflog die Müdigkeit mit einem Male.

Der Onkel war seit ihrem sechsten Lebensjahr so etwas wie ihr Vater, denn ihr leiblicher Vater war bei einem Unfall ums Leben gekommen. Ein betrunkener LKW-Fahrer hatte ihn beim Überqueren der Strasse überrollt. Anna hatte den Verlust nie richtig verwunden, aber die Liebe und Geborgenheit ihres Onkels ließen den Schmerz schnell in den Hintergrund treten. Nur abends in ihrem Bettchen war sie so manche Nacht mit Tränen auf dem Gesicht eingeschlafen. Onkel Karl ist der Bruder ihrer Mutter. Annas Onkel und ihre Tante konnten selbst keine Kinder bekommen, das brachte oft Spannung in ihre Beziehung. Doch am Ende siegte die Liebe und Achtung der beiden zueinander über alle Unbill dieser Welt. Die Ehe des Onkels war für Anna schon immer ein Vorbild gewesen. So eine Beziehung hätte sie auch gern gehabt. Und fast hätte es ja mit der großen Liebe geklappt. Doch das Fiasko war schneller da als erwartet. Je älter, desto verletzlicher wurde sie. Vor zwei Wochen war Anna vierunddreißig Jahre alt geworden.

"Wie geht es meinem kleinen Silberfischchen?", das fragte Onkel Karl schon so lange sie denken konnte.

"Gut geht es mir", antwortete Anna, "wo sind Mama und Caro?"

"Die kommen erst heute Nachmittag, weil Caro noch einen Termin hat und du weißt doch, dass deine Mutter nie allein reisen möchte."

Sie nahm ihre Reisetasche, klemmte sich Boogie unter den Arm und verschwand erst einmal in ihrem Zimmer. Das war noch genauso eingerichtet wie damals, als sie ihre Sachen packte und zu Steve gezogen war. Nach dem Abitur wohnte sie bei ihrem Onkel, weil die Uni sich gleich in der Stadt befand. Auf der Uni lernte sie Frank kennen. Er studierte Germanistik und war eigentlich ein ganz netter Junge. Doch sein Leben bestand aus Routine. Außergewöhnliche Situationen machten ihn unsicher. Die Langeweile hielt bei ihnen Einzug.

Sie trennten sich nach zwei Jahren in Freundschaft. Noch heute telefonierten sie mindestens einmal im Monat und Anna genoss dann das Plauderstündchen in vollen Zügen, weil Frank ein phantastischer Zuhörer war und Anna ihn manchmal als Beichtvater missbrauchte.

Es waren schon einige Leute gekommen und Onkel Karl war dabei, alle zu begrüßen. Anna blickte durch die Fensterscheibe in den Garten und dachte daran, wie sie einen neuen Job bekommen konnte, denn unter den gegebenen Umständen konnte sie auf keinen Fall mit Steve zusammen arbeiten. Dann war da noch die Sache mit der eventuellen Schwangerschaft. Seit zwei Wochen war ihre Periode überfällig. Anna führte das auf den Stress mit Steve zurück, aber so richtig daran glauben konnte sie nicht.

"Der Abend ist wunderschön gewesen", sagte Anna, als sie sich in ihr Zimmer zurückziehen wollte, doch Onkel Karl nahm sie sanft am Arm und zog sie in die Küche.

"Mit dir stimmt doch etwas nicht, mein Silberfischchen, ich habe dich den ganzen Abend beobachtet und du siehst mir nicht sehr glücklich aus. Ist irgend etwas mit dir?"

Sie sah ihn an und wusste, dass sie nicht flunkern konnte, denn Onkel Karl sah es ihr immer an, wenn sie schwindeln wollte.

"Also gut, ich habe einige kleine Probleme, aber das ist kein Grund, sich Sorgen zu machen. Mir geht es gesundheitlich sehr gut und Boogie auch. Ich muss ihm nächsten Monat eine Spritze geben lassen gegen Staupe und....."

"Hör mit den belanglosen Sachen auf und erzähle mir bitte, was dich bedrückt. Ich weiß es..."

Sie sah ihn an und schluckte.

"Wie, du weißt was? Ich weiß nicht, wovon du redest Onkel Karl!"

"Sei bitte nicht so naiv zu glauben, dass alte Männer keinen blassen Schimmer haben, was mit ihrer Umwelt passiert. Ich bin vielleicht schon etwas älter als du, aber ich kann noch einiges mit meinen grauen Zellen aufnehmen, z.B., dass du ein saftiges Problem hast. Was macht ihr nun, Steve und du?"

"Onkel Karl!! Ich weiß doch noch gar nicht, ob es an dem ist..."

Sie konnte ihre Tränen nicht mehr zurückhalten und weinte hemmungslos. Endlich fiel der Druck von ihrer Seele und sie konnte wieder frei atmen. Es tat ihr gut und mit diesem guten Gefühl verließ sie ihren Onkel. Im Bett kuschelte sie sich tief in die Kissen, vergrub ihr Gesicht in Boogies Fell und schlief tief und traumlos die ganze Nacht.

Mit Onkel Karl hatte sie ausgiebig gesprochen und sie kamen gemeinsam zu dem Entschluss, dass es besser sei, erst einmal mit Steve zu reden. Anna hoffte zwar immer noch, dass es sich um Hormonunstimmigkeiten handelte, aber so richtig konnte auch sie nicht mehr daran glauben. Sie durfte jetzt kein Kind bekommen!

Die Rückfahrt war nicht so stressig und Anna freute sich auf ein schönes Entspannungsbad.

Der Anrufbeantworter schrie danach, abgehört zu werden.

"Es sind zwölf Mitteilungen, man glaubt gar nicht, wie gefragt man ist, wenn man mal nicht zu Hause ist", sagte sie zu Boogie, der vergnügt in seiner Kuschelecke hockte und die Fellmaus auseinandernahm.

Die ersten fünf Anrufe waren nicht besprochen und Anna hatte schon Wut im Bauch.

'Dann sollen die doch was reden, dass man weiß, wer angerufen hat. Diese Ungewißheit macht einen ganz verrückt', dachte sie bei sich und hörte gespannt auf die nachfolgenden Anrufe:

"Mensch, ..Anna, geh doch bitte ran, ich bin's Alizia..., Steve ist bei mir gewesen..., bitte ruf doch zurück!"

Der nächste Anruf war wieder leer. Doch dann...:

"Hallo Anna, Steve hier, ich muss mit dir reden. Bitte, ich habe versucht dich das ganze Wochenende zu erreichen. Wo bist du, verdammt!?"

'Typisch Steve, dachte Anna, alles muss auf Abruf bereit stehen und außerdem, was will er noch von mir? Es ist doch alles geregelt!?'

Alle restlichen Anrufe waren Fehlinformationen. Nur ein Rauschen war zu hören. Anna setzte sich in ihren Lieblingssessel und überlegte, was sie nun tun sollte. Alizia war Annas beste Freundin. Sie lebte allein mit ihrem vierjährigem Sohn Noah. Alizia hatte die Nase voll von Männern. Sie lebte sehr alternativ und liebte die antiautoritäre Erziehung, was Anna nicht nachvollziehen konnte. Schließlich gehört eine kleine Portion Respekt in die Kinderstube. Aber das war bis dato nicht Annas Problem. Sollte doch jeder nach seiner Fasson leben. Alizia war eine sehr intelligente, selbstbewusste Frau und wie sie so alles meisterte, ohne rumzuheulen! Anna bewunderte Alizias Leben immer wieder.

Anna wählte: 287457842...., es klingelte.
" Hallo..."
"Ja, ich bin's, Anna, was gibt es denn so Wichtiges, dass man nicht mal zu seinem Onkel reisen darf, ohne mit Telefonterror überfallen zu werden?"
"Mensch, Anna, ich habe zigmal angerufen; Steve ist bei mir gewesen und hat mir Bouletten ans Ohr geredet (Anna liebte die saloppe Redensart von Alizia), er muss sich mit dir treffen. Er weiß nicht, warum du ausgezogen bist. Er sagt, dass du mit ihm nicht darüber geredet hast und das kann er einfach nicht verstehen. Du bist einfach bei Nacht und Nebel verschwunden, als er die Woche auf Geschäftsreise war.

"Ja, ich weiß, es ist nicht fair gewesen, aber ich bin ziemlich gekränkt", widersprach Anna. Sie hörte einen augenverdrehenden Seufzer.

"Sag jetzt bloß nicht, dass er gar nicht weiß, dass du ihn mit einer Anderen gesehen hast. Ich bin der Meinung, dass es keine Liebelei war, er hat mir etwas von einer Nichte erzählt. Ich glaube, Anna, du hast einen großen Fehler gemacht."

Anna brummte auf einmal der Kopf.

"Ich muss erst ein Entspannungsbad nehmen und dann würde ich mich darauf freuen, dich heute Abend zu besuchen, falls es dir nichts ausmacht. So am Telefon ist dieses Problem nicht zu lösen. Bist du einverstanden?"

"Natürlich, mein Herz, ich freue mich immer auf einen Besuch von meiner besten Freundin", antwortete Alizia und legte auf.

"Nun erzähl mal, wie war dein Wochenende?"

"Nicht schlecht", antwortete Anna einsilbig. Sie schaute sich gedankenverloren im Wohnzimmer ihrer Freundin um und fühlte sich nicht gut. Ihr Herz schlug wie wild und ihr Kopf schmerzte.

"Was ist los mit dir? Du siehst nicht gerade gesund aus. Am besten du bleibst heute Nacht bei mir", sagte Alizia und fing an, das Sofa bettfertig zu machen. Anna sah zu und irgendwie hatte sie auch nichts dagegen, nein, sie freute sich sogar auf einen gemeinsamen Abend mit Alizia. Nach einem heißen Tee mit Zitrone und etwas Gebäck, taute Anna auf und erzählte ihre Version der Geschichte. Alizia hatte soviel Taktgefühl, dass sie niemals auf einem Thema beharren würde, wenn ihr Gegenüber keine Lust hatte, darüber zu sprechen. Lizzi (so nannte Anna Alizia, wenn sie sich wohl fühlte) hörte gespannt zu, ohne auch nur einmal die Augen von Annas schönem Gesicht zu nehmen. Lizzi hatte psychologische Fähigkeiten. Keiner konnte ein Geheimnis lange für sich behalten und sie gab immer die besten Tipps. Sie war ein Naturtalent, vor allem im Zuhören.

"Ich gehe morgen nicht mehr zur Arbeit, denn ich habe meine Kündigung geschrieben", sagte Anna fast triumphierend und lächelte verschmitzt, so, als ob sie damit jemandem einen Streich gespielt hätte.

"Du kannst doch nicht so einfach alles schmeißen!"

Lizzi schrie fast, so entsetzt war sie.

"Mach dir keine Sorgen, ich habe alles durchgerechnet. Onkel Karl hat mir doch jeden Monat einen Scheck geschickt, den ich nie gebraucht habe. So hat sich über die Jahre ein stattliches Sümmchen angehäuft. Ich werde mich bei einer Zeitung bewerben, denn ich bin doch Journalistin."

Anna sah in das entsetzte Gesicht ihrer Freundin und merkte ein unruhiges Zittern auf ihren Lippen.

"Sei nicht traurig, noch bin ich ja hier und außerdem bin ich doch nicht aus der Welt."

Lizzi fing sich rasch und begann von ihrem Treffen mit Steve zu erzählen.

"Er hat mich Samstagabend angerufen, und nach dir gefragt. Er meinte, dass du einfach nicht mehr zu Hause warst, als er aus Rostock zurück kam. Seine Versuche, dich bei mir zu finden, waren aussichtslos, und er ist schon kurz davor gewesen, die Polizei anzurufen, wenn ich ihn nicht davon abgehalten hätte."

"Du meinst, er hat wirklich nicht gewusst, warum ich einfach abgehauen bin?", fragte Anna total verdutzt.

"Ja, er weiß nicht warum, oder er stellt sich dumm, was ich mir eigentlich nicht vorstellen kann. Du hättest ihn mal sehen sollen .... Ah,... und das junge Fräulein, damals, muss seine Nichte gewesen sein. Ich denke, dass du etwas zu impulsiv gehandelt hast."

Anna verzog ihr Gesicht und blickte Lizzi mit ihren großen blauen Augen ratlos an.

"Tut mir leid, aber ich bin so. Eigentlich liebe ich ihn noch immer. Kannst du nicht einmal nachforschen, was mit ihm ist. Ich würde so gern wissen, wie es ihm geht", sprach sie und rollte sich unter ihrer Plüschdecke ein.

"Du brauchst dich bei mir nicht zu entschuldigen, aber ich werde für dich nicht Sherlock Holmes spielen. Das wirst du schon allein erledigen müssen. Du weißt, dass ich immer für dich da bin, aber solch ein Detektiv-Spiel ist nicht mein Ding."

Lizzis Stimme war richtig energisch und Anna

wusste, dass sie keine Chancen hatte, Alizia zu überzeugen. So versuchte Anna so schnell wie möglich, das Thema zu wechseln und fing an, über das vergangene Wochenende zu reden.

"Der Nächste bitte", tönte es aus dem kleinen Lautsprecher über dem Arztzimmer. Anna erhob sich nur mühevoll und ihr war ziemlich mulmig zumute.
"Hallo Anna, schön, dich mal wieder zu sehen, wie geht es dir?"
Es war Hansi, ein Schulfreund und ihr Gynäkologe.
"Ganz gut, ich möchte eigentlich nur mal vorbei schauen, prophylaktisch so zu sagen."
"Na, dann erzähl erst einmal. Wie geht es Steve, ich habe euch schon lange nicht mehr gesehen? Wollen wir uns nicht mal wieder auf ein Bier treffen? Ulrike wäre bestimmt sehr erfreut darüber. Unser Spross ist jetzt auch schon fast erwachsen. Wir hätten also abends Zeit für euch."
"Wie alt ist euer Sproß denn?"
"Er wird am Freitag ein Jahr."
"Na, dann ist er ja schon ziemlich erwachsen und kann ruhig mal abends allein gelassen werden", frotzelte Anna und der small talk zog sich über eine viertel Stunde hin, bis Anna dann einfach sagte:
"Meine Periode ist seit etwa zwei Wochen überfällig. Ich denke, dass ich schwanger bin."
"Das ist ja toll, da wird sich Steve riesig freuen, schau'n wir gleich mal nach", sprach Hansi und zog seine Gummihandschuhe über. Anna sagte ihm nicht, dass sie sich von Steve getrennt hatte, er würde es schon noch früh genug erfahren. Die Hoffnung im tiefen

Inneren auf eine Versöhnung mit Steve ließ sich auch nicht so leicht unterdrücken. Und warum sollte man denn schon vorher alle Pferde scheu machen?

"Sorry, Anna, ich muss dich enttäuschen, du bist nicht schwanger."

Es traf sie wie ein elektrischer Schlag.

Eigentlich hätte sie froh sein müssen, aber sie fühlte sich doch schon schwanger.

"Wie kann das sein? Ich bin schwanger, ich fühle es", Anna war außer sich, "und warum habe ich meine Periode noch nicht?"

Hansi zeigte auf ein Ultraschallgerät:

"Wir werden mal nachsehen, ob alles in Ordnung ist", und zog sie auf die Liege, die sich neben dem Gerät befand.

"Was hat Hansi gesagt?", tönte es von weitem. Alizia ging auf Anna zu und spürte die Niedergeschlagenheit, obwohl sich Anna sehr viel Mühe gab, damit man es ihr nicht anmerkte.

"Ich bin nicht schwanger", sagte sie und setzte sich auf das Sofa, wo schon Boogie mit großer Begeisterung Alizias Socke in alle Einzelteile zerlegte.

"Boogie, lass das!", schimpfte Anna.

"Lass den Hund in Ruhe, wir beide haben uns schon geeinigt, dass er nur alte Socken bekommen darf", widersprach Alizia.

"Ich habe ein Geschwür oder Ähnliches am Gebärmutterhals und Hansi kann mir noch nichts Genaueres sagen. Ich muss morgen in die Klinik, um mich genauer untersuchen zu lassen. Mensch Lizzi, ich habe Angst!"

Alizia sah die Panik in den Augen ihrer Freundin und

verspürte ein ungutes Gefühl. Sie nahm Anna in ihre Arme und sagte:

"Mach dir keine Sorgen, es wird nichts so heiß gegessen wie es gekocht wird. Außerdem weißt du doch gar nicht, ob es sich um etwas Bösartiges handelt. Bei dem heutigen Stand der Medizin, kann man sogar schon rechtzeitig erkannten Krebs heilen. Und du weißt auch, dass bei allen Heilungsprozessen die Psyche eine große Rolle spielt. Darum denke positiv, das sollte jetzt deine Devise sein."

Sie lagen sich noch eine ganze Weile in den Armen, bis Alizia merkte, dass sich Anna gefasst hatte. Gegen Morgen schliefen sie ein. Alizia auf dem Sessel und Anna mit Boogie auf dem Sofa.

Anna erwachte sehr zeitig und sie sah Lizzi total verrenkt auf dem Sessel schlafen.

'Wie lieb sie doch zu mir ist', dachte sie und ging ins Bad.

Zur gleichen Zeit lief Steve in seinem Büro hin und her und war zu keiner vernünftigen Aktion fähig. Gerade heute musste er topfit sein, wegen der Japaner, die heute einen Auftrag bestätigt haben wollten. Es ging um ein Millionenprojekt und wenn er das in den Sand setzte, würde er seinen Job verlieren. Annas Auszug hatte ihm viele schlaflose Nächte beschert und er wusste bis heute noch nicht warum.

'Vielleicht hat sie einen anderen Mann?! Sie hat sich immer verleugnen lassen. Ich weiß noch nicht mal, wo sie wohnt. Zur Arbeit braucht sie auch nicht regelmäßig zu kommen, denn sie ist freie Mitarbeiterin und sie ist immer nur da, wenn ich nicht in der Stadt bin. Vielleicht hat die Einsamkeit sie dazu veranlasst, auszuziehen', dachte er gedankenversunken, bis das Telefon ihn wieder in die Gegenwart zurückholte.

"Ja, hallo, Westermann am Apparat!", er hörte sich nicht sehr kundenfreundlich an und im selben Moment spürte er schon das schlechte Gewissen.

"Guten Morgen, Steve, ich wollte mich erkundigen, ob du fit bist für unsere Kampagne?"

"Ja, sicher, Richard, es wird alles zu deiner Zufriedenheit ablaufen."

Es war Richard Wenke, sein Chef.

"Ja, dann wünsche ich dir gute Geschäfte und wage nicht, ohne Auftrag nach Hause zu kommen!"

Sein gurgelndes Lachen war nicht zu überhören, und Steve lachte aus Anstand mit. Ihm war gar nicht danach zumute. Er hätte am liebsten gesagt: "Hey, Ricky, mach doch deinen Dreck allein, ich habe heute einfach keinen Nerv für solchen Mist. Meine Frau ist mir weggelaufen und das nur, weil ich für deine Scheißfirma 24 Stunden im Einsatz bin!", stattdessen sagte er mit erhobener Stimme:

"Alles klar, ich werde das Kind schon schaukeln. Du kennst mich doch, oder habe ich jemals einen Auftrag versiebt?"

"Nein, natürlich nicht, mein Lieber, aber ich wollte nur sicher gehen, wie jedes Mal, das weißt du doch. Also bis heute Abend, ich erwarte deinen Bericht", sprach er und legte auf.

Die Japaner waren sehr schnell zufrieden gestellt, und Steve hatte den Auftrag in der Tasche. Es war noch nicht spät und er hatte einfach keine Lust nach Hause zu gehen. Deshalb machte er sich nochmals auf den Weg zu Alizia, in der Hoffnung, Neuigkeiten von Anna zu erfahren.

Sein BMW fuhr ihn sicher durch alle Straßen und Steve konnte nicht schnell genug bei Lizzi klingeln.

"Ja, hallo?", ertönte es aus der Wechselsprechanlage.

" Steve hier, darf ich hochkommen?"

"Ich weiß nicht so recht. Anna ist hier und ich glaube, dass es ihr nicht recht ist."

Er hörte ein Rascheln und nach einigen Sekunden surrte der Türöffner.

"Guten Abend, Anna, es tut mir leid, wenn ich dich störe, aber ich habe schon versucht dich zu erreichen, doch leider weiß ich nicht, wo du jetzt wohnst."

Anna saß bewegungslos auf ihrem Sofa und zog die Decke über ihren Körper, so als ob sie sich verstecken wollte.

"Ist schon in Ordnung, irgendwann müssen wir uns ja mal aussprechen", sagte sie und setzte sich aufrecht hin.

"Es ist nicht fair von mir gewesen, dich einfach bei Nacht und Nebel zu verlassen, aber ich habe dich mit dieser jungen Frau gesehen, damals in Rostock...."

"Wie konntest du mich dort sehen, ich habe noch zehn Minuten vorher mit dir telefoniert?", erwiderte Steve.

"Das ist das Gute an Handys, man weiß nie, wo sich der andere gerade befindet. Ich hatte vor, dich mit meiner Anwesenheit zu überraschen, aber der Zeitpunkt für meinen kleinen Stadtbummel war absolut ungünstig."

Anna war sehr aufgebracht, aber sie hielt ihre Gefühle sehr im Zaum.

"Das ist ein großer Irrtum deinerseits, aber du hast mich es ja nicht erklären lassen. Als ich nach Hause gekommen bin, bist du schon weg gewesen. Du hast mir keine Chance gegeben!"

Steve war erbost, aber er konnte sie verstehen. Hätte er sie damals mit einem anderen Mann gesehen, dann hätte er vielleicht genauso reagiert. Alizia war schon am Anfang des Gespräches aus dem Zimmer gegangen. Sie hoffte im Stillen, dass sich alles zum Guten wenden würde.

Die Unterhaltung dauerte sehr lange und Anna hatte sich nach langem Hin und Her gegen die Beziehung entschieden, denn sie hatte endlich eingesehen, dass eine Beziehung nicht nur aus Liebe besteht, sondern auch aus sehr viel Toleranz und Vertrauen. Ohne eine dieser Fähigkeiten ist man nicht fähig, eine Liebesbeziehung in Harmonie zu erleben. Und das Vertrauen fehlte Anna zur Zeit total, deshalb sagte sie Steve, dass sie erst Zeit brauche, um sich ihrer Gefühle klar zu sein.

Es tat ihr gut, mit Steve gesprochen zu haben und Anna fühlte sich sehr erleichtert. Sie konnte befreit durchatmen und es war so, als wäre ihr eine schwere Last von der Seele genommen.

Der nächste Morgen war wie eine Erleichterung. Anna zog sich ihre Joggingsachen an, und lief, was das Zeug hielt, so als ob der Teufel hinter ihr her wäre. Boogie hatte richtige Schwierigkeiten mitzuhalten. Das war er nicht gewohnt, schließlich muss man als richtiger Rüde auch die anderen "Duftmarken" orten. Er kam nicht einmal dazu sein Bein zu heben.

Anna kam sehr durchgeschwitzt und fertig zu Alizia, denn seit vier Tagen wohnte sie bei ihr.

'Das muss ich jetzt ändern', dachte Anna, 'ich kann nicht ewig hier wohnen, schließlich ist mit mir alles in Ordnung und ich brauche jetzt keinen Seelenbeistand

mehr.'
Alizia war gut gelaunt.
"Guten Morgen, mein Herz, wie geht es dir heute?"
"Ganz gut und ich werde wieder nach Hause gehen. Danke für deinen seelischen Beistand. Ich weiß gar nicht, was ich ohne dich die ganze Zeit getan hätte", sagte Anna und nahm ihre Freundin in den Arm.
"Ach, hör auf mit dem Gelaber, ich steh nicht auf Sentimentalitäten", erwiderte Lizzi. Anna liebte ihre Freundin und sie verstand nicht, dass sie so kühl war. Sie zog ihre durchgeschwitzten Sachen aus und ging ins Bad. Nach einer halben Stunde saßen beide am Frühstückstisch.
"Wo ist Noah?", fragte Anna.
"Den kleinen Kerl habe ich heute Morgen schon in den Kindergarten gebracht, als du joggen gewesen bist. Wieso fragst du?"
"Na ja, ich glaube, dass ich ein schlechtes Gewissen habe, weil du dich die letzte Zeit nur um mich gekümmert hast. Ich denke, er braucht dich mehr als ich."
"Ach was, mach dir darüber mal keine Gedanken, denn der kleine Mann ist schon sehr selbstständig und ihn stört es einfach nicht. Wenn er mich braucht, dann bin ich 100%-ig für ihn da, und das weiß er. Noah hat sich so ganz toll gefühlt, ansonsten hätte er sich schon irgendwie zu Wort gemeldet."
Anna glaubte ihrer Freundin und trank den heißen Kaffee.
Zu Hause angekommen lief Anna erst einmal zu ihrem Anrufbeantworter. Niemand hatte angerufen. Anna stand geistesabwesend davor und dachte nach.

"Eigentlich warte ich auf keinen Anruf und Steve wird mich in nächster Zukunft nicht stören. Plötzlich läutete das Telefon:

"Ja, bitte?"

"Hallo, Anna, Mama hier......ich habe versucht dich anzurufen, aber ich weiß nicht, ob ich dich damit belasten sollte."

"Was ist los, Mama?", fragte Anna.

"Caro ist nicht zu Hause und das schon seit drei Tagen! Ich weiß nicht mehr, wen ich noch anrufen soll. Alle ihre Freundinnen wissen angeblich nicht, wo sie ist und...."

"Habt ihr euch gestritten?", wollte Anna wissen.

"Nein, das ist es ja. Sie hat nur gesagt, als sie aus dem Haus ging, dass es später werden könnte."

"Ach, Mama, mach dir keine Sorgen, ich glaube nicht, dass etwas passiert sein könnte. Weißt du was, ich komme gleich zu dir und dann reden wir ausgiebig."

Anna war sehr aufgebracht, doch das wollte sie ihrer Mutter nicht zeigen.

"Natürlich, Hauptsache, Caro ist gesund."

"Mach dir bitte keine Sorgen. Du kannst nur hoffen und daran glauben, dass es ihr gut geht und du weißt doch, dass der Glaube Berge versetzen kann. Hast du schon die Polizei angerufen?"

"Nein, ich wollte mit dir zuerst sprechen. Ihre Freundin Tanja ist auch nicht nach Hause gekommen und ihre Mutter meint, dass Tanja des öfteren bei Freunden schläft und ich sollte ruhig bleiben. Die Telefonnummer der Freunde konnte sie mir nicht geben."

Anna beruhigte ihre Mutter nochmals und legte auf.

Nach einer Weile saß Anna schon in ihrem Auto und war auf dem Weg zu ihrer Mutter. Sie wurde schon an der Tür erwartet. Ihre Mutter sah sehr abgespannt aus.

"Mama, du hast bestimmt kein Auge zugemacht. Ich werde dir erst einmal einen Tee kochen und dann erzählst du mir alles. Ist das in Ordnung für dich? Nachher werden wir die Polizei verständigen."

Zur selben Zeit, 40 Kilometer nördlich.
Der junge Polizist saß leichenblass im Dienstwagen. Er hatte so etwas noch nie gesehen. Die junge Frau war bis zur Unkenntlichkeit verstümmelt. Der diensthabende Kommissar war gerade am Tatort eingetroffen, ein Mann, Mitte fünfzig, mit vollem grauen Haarschopf, der auf viele Dienstjahre schließen ließ.

"Wer hat sie gefunden?", wollte der Kommissar von dem total verwirrten Kollegen wissen, aber der stand unter einem größeren Schock.

"Ein Hund.... na, ich meine der Hund von dem Mann dort. Er hat uns verständigt. Hm, ich .. es tut mir leid, aber mir ist nicht gut... ich habe so etwas noch niemals gesehen...", stammelte er.

"Na, ist schon gut, mein Junge, wir haben alle mal angefangen. Weiß man schon, wer sie ist und ist die Spurensicherung schon auf dem Weg?"

Kommissar Strath hatte zu viele Fragen auf einmal und der junge Polizist nickte nur geistesabwesend.

"Mein Gott, wer tut so etwas?", der Gerichtsmediziner sah Strath vorwurfsvoll an, "sie ist etwa neunzehn Jahre alt. Wer sie ist, kann ich euch nicht sagen, denn dafür seid ihr verantwortlich. Ich kann nur eins sagen, dass der, der so etwas macht, irgendwie nicht ganz gesund ist und das wiederum müssen die Psychologen herausfinden, wenn der Täter dingfest gemacht wurde."

Strath wurde ungeduldig. Er wollte nicht wissen, wer für welchen Bereich zuständig ist, er wollte nur die Todesursache wissen. Er sah die junge Frau an oder das, was von ihr noch übrig war.

"Ihre Kehle ist durchgebissen und ihre Fingerkuppen sind abgetrennt. Außerdem wurde ihr der Kiefer eingeschlagen, so als ob man alle Identifikationsmöglichkeiten ausschließen wollte. Das Mädchen soll unerkannt bleiben. Mehr kann ich noch nicht sagen. Meinen Bericht finden sie morgen früh auf Ihrem Schreibtisch", sagte der Doktor.

"Danke, Doktor, ich werde das Archiv aufsuchen. Vielleicht finden sich Parallelen zu diesem Fall. Es wird eine lange Nacht werden."

Strath ging zu seinem Auto und dachte nach.

"Mir kommt irgend etwas bekannt vor, ich weiß aber noch nicht was."

Er fuhr mit seinem Auto durch die Stadt direkt ins Revier.

"Hamann hat seinen Opfern auch die Kehle durchgebissen. Das geschah im sexuellen Rausch und es waren nur junge Männer. Ich werde den Gedanken nicht los, dass jemand auf einem, ach, was sage ich, auf mehreren Trittbrettern fährt."

Strath sprach mit sich selbst. Das macht er oft, weil er so seine Gedanken besser ordnen konnte.

"Ob sie vergewaltigt wurde, werde ich morgen wissen. Heute werde ich mich erst auf die Vermisstenanzeigen konzentrieren", sprach er und verschwand in seinem Büro.

Anna sprach sehr lange und ausgiebig mit ihrer Mutter, dabei ging es ihr mächtig schlecht bei dem Gedanken, dass Caro etwas passiert sein könnte. Es klingelte. Anna sprang auf und rannte zur Tür.
"Hallo Anna, ist Caro da ?"
Anna blieb wie angewurzelt stehen. Im selben Augenblick kam Annas Mutter an die Tür.
"Wo ist Caro!", schrie sie Tanja an, "ich denke, ihr seid zusammen gewesen?", sie griff Tanja mit beiden Händen und schüttelte sie energisch hin und her.
"Nein, Caro ist schon viel früher abgehauen. Wir haben uns für heute abend verabredet."
"Wann war das?", Anna war außer sich.
"Gestern abend, wir wollten ins "Double Inn" gehen", antwortete Tanja.
"Wo seid ihr die ganze Zeit gewesen?"
Tanja blickte verstört nach unten.
"Caro meinte, dass es o.k. sei, wenn sie mal weg bleibt. Schließlich ist sie volljährig."
"Du kleines dummes Ding. Caro ist noch nie über Nacht weggeblieben; ich denke, dass du sie überredet hast, und jetzt ist sie verschwunden!"
Annas Mutter war aschfahl im Gesicht. Man sah ihr die Überanstrengung an.
"Wir gehen sofort zur Polizei. Vielleicht ist sie verunfallt und liegt in einem Krankenhaus."
Anna merkte die Angst in sich hochkriechen. Ihr lief ein Schauer über den Rücken. Jetzt musste sie Stärke beweisen und ihrer Mutter helfen, wo sie nur konnte, denn sie hatte eine ganz schlechte Vorahnung. Ihre eigenen Probleme traten in den Hintergrund, sie konnte jetzt nur noch an eines denken: 'Wo war Caro?'

Auf der Polizeistation wurde ihre Vermissten-Anzeige aufgenommen. Was man dort alles wissen wollte. Anna sprach mit den Beamten und ihre Mutter saß abwesend daneben.

"Mutter, man muss wissen, was Caro anhatte. Sie brauchen die genaue Beschreibung der Kleidung."

"Ich weiß nicht so genau. Die jungen Mädchen ziehen sich doch alle Stunde etwas anderes an. Eine blaue Hose und eine braune Lederjacke..., denke ich."

Annas Mutter wirkte sehr matt, und Anna zog es vor, die Sache so schnell wie nur möglich abzuschließen.

"Ich bringe dich nach Hause, Mutter", sie drehte ihren Kopf dem Polizisten zu und sagte:

"Ich werde gleich noch einmal vorbeikommen und Ihnen die Details geben, die sie benötigen, um meine Schwester zu finden."

Der Beamte nickte und verabschiedete Annas Mutter.

Anna saß dem Kommissar Strath gegenüber und er schaute sie durchdringend an.

"Wann haben Sie Ihre Schwester zum letzten Mal gesehen, oder besser, wann war Ihre Schwester das letzte Mal zu Hause?"

Anna stockte der Atem.

"Das habe ich doch Ihrem Kollegen schon gesagt. Vorgestern ist sie mit ihrer Freundin aus dem Haus gegangen und nicht mehr zurückgekommen."

Der Kommissar zauderte einen Moment.

"Wir haben eine Frauenleiche gefunden, etwa vierzig Kilometer von hier, in einem Waldstück."

Für Anna brach eine Welt zusammen. Sie wollte es nicht glauben, dass es Caro sein könnte.

"Das kann nicht sein, ich weiß, dass Caro nicht tot ist, ich fühle es!", dann brach sie weinend zusammen.

Der Kommissar wartete einen Augenblick.

"Die Leiche ist leider unkenntlich gemacht worden, ...ich muss Sie trotzdem bitten, wenn sich kein anderer findet, die Leiche zu identifizieren."

Das Gedankenkarussell ließ sich nicht abstellen, wie ein Automat betete sie herunter:

"Sie hat braune Haare und ist 1.70 m groß und sie hat blaue Augen."

"Werte Frau Heyer, das hier ist kein Antrag auf einen Personalausweis, sondern wir versuchen hier, die Identität einer Leiche, die bis zur Unkenntlichkeit verstümmelt ist, zu ermitteln."

Im selben Moment tat es ihm leid, diese Frau angeschrien zu haben, denn keiner außer ihm konnte Anna besser verstehen. Vor drei Jahren hatte er seine Tochter auf ähnliche Art verloren. Sie kam von einem Discobesuch nicht mehr nach Hause. Eine Woche danach fand man sie, erwürgt, auf einem stillgelegten Fabrikgelände. Ihre Haare waren abgeschnitten. Der Kommissar tauchte hoch aus der Vergangenheit, wie aus einem tiefen Wasser, der Schmerz wurde von Hass abgelöst, denn bis heute hatte man den Mörder nicht gefunden. Einen jungen Mann, dem nichts nachzuweisen war, musste man aus der U-Haft wieder entlassen. Deshalb war es ihm wichtig, den jetzigen Mörder zur Strecke zu bringen, denn es konnte ja auch der Mörder seiner Tochter sein.

"Es tut mir leid, Frau Heyer, ich bin etwas nervös, bitte entschuldigen Sie meine schroffe Art, aber ich kann Ihren Schmerz verstehen..."

"Ach, was reden Sie da, Sie können es sich nicht vorstellen, was es heißt, im Ungewissen zu sein und nicht zu wissen, was mit einem geliebten Familienmitglied ist. Nun erzählen Sie mir etwas von einer Frauenleiche und ich hoffe immer noch, dass es nicht meine Schwester ist, obwohl es ja fast 100%-ig feststeht. Es geschieht nicht jeden Tag ein Mord und ich bete zu Gott, dass es nicht Caro ist."

Anna war sehr aufgebracht und konnte kaum einen klaren Gedanken fassen.

"Doch ...", der Kommissar räusperte sich, "doch, ich weiß, wie Ihnen zu Mute ist....; ich habe vor drei Jahren meine Tochter auf die gleiche Weise verloren wie Sie."

Er drehte sich zur Tür und fragte beim Hinausgehen : "Einen Kaffee..?"

"Ja, bitte. Entschuldigung, ich hatte keine Ahnung.."

"Wie auch."

Strath verließ das Zimmer und Anna fühlte sich mächtig alleine.

Als Strath wieder zurück kam, stand Anna am Fenster und schaute nach draußen.

"Ich möchte sie sehen", sie drehte sich um und sah Strath mit entschlossenem Blick an.

"Wie bitte?", Strath verstand die Welt nicht mehr. Eben wollte sie noch nicht glauben, was passiert ist, und nun doch die Leiche sehen.

"Glauben Sie wirklich , dass Sie das wollen?"

Strath sah Anna mit ernstem Blick an. Anna schaute zurück und hielt seinen Blicken stand.

"Ja, ich muss jetzt Klarheit haben. Entweder es ist meine Schwester oder nicht. Wann kann ich sie sehen?"

"Die Gerichtsmediziner sind heute nicht mehr zu

sprechen, aber wie wäre es, wenn Sie morgen früh, so gegen acht zu mir ins Büro kommen, dann fahren wir gemeinsam in die Leichenhalle?"

Anna nickte und verabschiedete sich.

"Also, bis morgen."

Strath sah ihr vom Fenster aus nach.

"Eine exzentrische Frau, aber irgendwie bewundernswert", sprach er zu sich selbst und trank seinen Kaffee.

Punkt acht klopfte es an Straths Bürotür.

" Herein!", Anna trat zur Tür hinein.

"Guten Morgen, Kommissar Strath. Ich hoffe, ich bin pünktlich."

Strath blickte auf.

"Pünktlicher geht's nicht mehr. Ich habe mit Dr. Horn gesprochen. Das ist der Gerichtsmediziner, der die Leiche untersucht hat. Er ist mit allen Untersuchungen fertig und erwartet uns."

Anna blieb an der Tür stehen, in der Hoffnung, es bald hinter sich zu haben.

Dr. Horn war Ende vierzig und sah sehr intellektuell aus. Kommissar Strath und Anna begrüßten den Doktor mit zurückhaltender Geste.

"Sie ist nicht sexuell missbraucht worden. Sie hat viele Frakturen, jede Rippe wurde ihr gebrochen, als ob jemand auf ihr herumgesprungen ist und das Nasenbein ist eingeschlagen. Sie hat einen Schädelbasisbruch und ihr wurden zwei Zacken, wie ein Blitz, in die Wange eingeritzt. Ich kann die Todeszeit auf Freitag gegen 23.00 Uhr festlegen; plus minus drei Stunden. Jemand muss einen großen Hass auf das Mädchen gehabt haben, oder sie wurde Opfer eines Ritualmordes."

Anna schmerzte der Magen. Sie stellte sich die Grausamkeiten vor, die an diesem Mädchen verübt wurden. Sie hoffte im Stillen: 'Bitte, bitte, lieber Gott, wenn es dich gibt: lass es nicht Carolin sein.'

Strath drehte sich zu Anna um und sah sie an.

"Sind Sie bereit? Wir können auch gern noch einmal wiederkommen."

"Nein, ich werde jetzt tun, was ich tun muss", erwiderte Anna und stellte sich neben den Seziertisch. Ihre Fingernägel bohrten sich in die Handballen, aber sie spürte keinen Schmerz dabei. Dr. Horn hob langsam die Decke, unter der sich die Leiche befand. Anna war versucht, die Augen zu schließen, doch ihr Wille hielt sie davon ab.

Die Leiche sah sehr gelb aus und hatte überall braune, gelbe und blaue Hämatome. Sie sahen wie Leichenflecken aus. Das Gesicht konnte Anna beim besten Willen nicht erkennen. Es war weg. Es war nicht mehr da! Anna blieb der Atem stehen. Die junge Frau hatte braunes abgeschnittenes Haar und eine sehr schlanke Figur. Im ersten Moment glaubte Anna auch daran, dass es Caro sei, doch dann erinnerte sich Anna an das Muttermal auf Caros rechtem Schulterblatt. Es war hellbraun und hatte die Größe eine Fünf-Mark-Stücks.

"Drehen Sie bitte die Leiche um!"

Anna wirkte auf die anwesenden Herren sehr bestimmend, bei dem was sie da gerade tat.

"Warum sollen wir die Leiche drehen?", Strath verstand die Bitte Annas nicht. Erst machte sie so einen Aufstand, und nun gab sie sich so, als ob sie seit Jahren nichts anderes getan hätte, als Leichen zu begutachten.

"Wenn ich die Leiche identifizieren soll, muss ich

alles sehen, denn Caro hat auf dem Rücken ein Muttermal und wenn es sich dort nicht befindet, dann weiß ich, dass es nicht meine kleine Schwester ist."

Der Doktor und Strath sahen sich an.

"Also gut, ich werde Dr. Meier holen, damit wir die Leiche wenden können, aber ich bin der Meinung, kein Muttermal gesehen zu haben."

Doktor Horn eilte davon. Hoffnung übermannte Anna, doch sie blieb sehr reserviert. Dr. Horn kam mit einem Mann zurück, der, wie Anna schlussfolgerte, Dr. Meier sein musste.

"Wir drehen die Leiche jetzt um", sagte Dr. Horn. Sie fassten die Frauenleiche an den Schultern und an den Beinen und hoben sie an. Dabei streifte eine Hand der Leiche Annas Arm, und sie trat erschreckt einen Schritt zurück. Als die Leiche auf dem Bauch lag, sah Anna, worauf sie die ganze Zeit gehofft hatte.

"Sie hat kein Muttermal!", stieß Anna wie von Sinnen aus. Sie schlang die Arme um Straths Hals und fuhr im selben Moment erschreckt zurück.

"Entschuldigen Sie bitte, ich bin nur so froh, dass ...."

"Ist schon gut. Sie brauchen sich nicht zu entschuldigen. Ich bin auch sehr froh über diese Erkenntnis, aber das ist kein Grund, jetzt übermütig zu werden. Schließlich ist sie immer noch verschwunden und wir müssen sie wiederfinden."

Anna war sehr gerührt von der herzlichen Anteilnahme des Kommissars und sie fing an, ihn zu mögen.

Wie immer stand Anna sehr früh auf und ging zum Postkasten in der Hoffnung, endlich Antwort auf ihre

Bewerbung als freie Mitarbeiterin bei der Frankfurter Allgemeinen zu bekommen. Es lagen auch zwei Briefe im Kasten. Der eine war aber von ihrem Onkel Karl, der sich, wie so oft, nach ihrem Befinden erkundigte.

'Er weiß noch nichts von Caros Verschwinden, das ist gut so, solange keine sicheren Beweise existieren', dachte Anna. Der andere Brief kam von der Zeitung. Man teilte ihr mit, dass sie zum Einstellungsgespräch kommen konnte. Anna atmete auf, endlich ein kleiner Lichtblick in dieser nervenaufreibenden Situation.

Als die Sonne im Morgenrot aufging, stand Anna schon seit Stunden an ihrem Fenster und versuchte ihre Gedanken zu ordnen. Aber es war unmöglich. Vor ihrem geistigen Auge erschien Caro als Kleinkind, Schulkind und Teenager mit all den kleinen Erlebnissen, die damals schon die Familie auf Trab hielten. Sie hätte weinen können. Doch sie befahl sich: 'Keine Gefühle! Behalte die Nerven! Du musst die Sache zu Ende bringen. Das bist du Caro schuldig.'

Anna joggte, wie jeden Morgen, durch den Park, damit Boogie seinen Auslauf bekam. Sie sah einen Mann am Weg stehen und mit jedem Schritt, den sie tat, wuchs ihre Angst. Es könnte der Mörder der Unbekannten sein. Der Mann war harmlos. Er suchte nur nach leeren Flaschen in den Abfalleimern und Anna war froh, dass er sie ignorierte. Sie lief die Allee entlang und Boogie hatte, wie immer, seine Probleme mitzuhalten.

Das Telefon klingelte. Anna war müde, doch sie wollte die Chance nicht verpassen, mehr über das

Verschwinden von Caro zu erfahren, und sie hatte Recht: es war Strath.

"Hallo, hier Kommissar Strath. Können Sie heute noch in mein Büro kommen?"

Anna war erstaunt: "Warum? Haben Sie etwa meine Schwester gefunden?"

"Nein, es tut mir leid, aber ich möchte mich mit Ihnen nochmals unterhalten. Ist es Ihnen recht?"

"Ja, ich werde bei Ihnen vorbeikommen."

Strath legte ohne Gruß auf und dachte an seine Tochter:

'Vielleicht komme ich meinem Ziel etwas näher und der 'Haarmörder', den ich schon seit drei Jahren suche, hat einen Fehler gemacht. Er muss doch irgendwann mal einen Fehler machen!'

Strath saß über dem Bericht und las ihn immer wieder. Er konnte sich keinen Reim darauf machen, was der Mörder mit den Haaren seiner Opfer getan hat. Am Tatort wurden keine Haare gefunden. Er musste sie ganz pedantisch aufgesucht haben, aber warum? Haare werden oft bei Riten benutzt, denn in früheren Kulturen vermutete man den Sitz der Seele in den Haaren. Aber das ist Voodoo-Glaube, so etwas gibt es doch nicht in Deutschland. Strath dachte jetzt häufiger an seine Tochter und er hoffte, dass Caro noch lebte. Sie sah seiner Tochter verdammt ähnlich. Es klopfte.

"Ja bitte, treten Sie ein!"

Anna beschlich ein Gefühl, das sie nicht definieren konnte. War es Angst, oder doch ein Schimmer Hoffnung?

"Ich habe mich bei meiner Zeitung schlau gemacht über die Morde hier in der Region und ich bin fündig geworden. Im Archiv durfte ich sehr lange und ausgiebig recherchieren, obwohl ich erst seit kurzer Zeit dort arbeiten darf."

Strath blickte sie an.

"Ich denke, Sie arbeiten in einer Werbefirma?"

"Nicht mehr. Mein Verstand schrumpft so langsam ein, wenn ich nur Werbetexte über Corn Flakes und After Shave's schreibe. Mich haben auch persönliche Gründe bewogen, den Job dort an den Nagel zu hängen. So, und nun einige Einzelheiten, die ich herausgefunden habe."

Strath winkte ab:

"Wenn das alles Zeitungsausschnitte waren, die Sie durchsucht haben, bringt uns das nicht sehr weit. Alles, was die Zeitungen geschrieben haben, ist uns bekannt. Somit haben Sie sich die ganze Arbeit umsonst gemacht."

Anna war deprimiert.

"Ich dachte..., ich wollte irgend etwas tun, um nicht unnütz herumzusitzen. Das Warten macht mich ganz verrückt."

Ein energisches Klopfen durchdrang den Raum. Ohne auf Einlass zu warten, steckte ein Polizist seinen Kopf durch die Tür.

"Entschuldigen Sie, aber es wurde eine Leiche gefunden. Sie liegt nicht weit von hier im Stadtpark."

Anna erschrak und sie stand blitzartig neben dem Polizisten.

"Wer ist sie? Ist sie genauso zugerichtet wie die anderen Mädchen?"

Der Polizist sah den Kommissar an und Strath nickte.

"So ähnlich wie die anderen, nur ihre Fingerkuppen

sind nicht abgetrennt, aber ihre Haare wurden abgeschnitten und ihre Kehle wurde durchgeschnitten. Jemand muss mächtig krank sein, um so etwas zu tun."
"In Ordnung, ich komme sofort."
Strath wandte sich an Anna:
"Es tut mir leid, aber die Pflicht ruft. Ich werde mich, so schnell es mir möglich ist, bei Ihnen melden."
Anna stand verzweifelt vor Strath.
"Bitte, lassen Sie mich mitgehen. Ich weiß, dass es verboten ist, aber mir liegt sehr viel daran."
"Es tut mir leid, aber dafür fehlen Ihnen die Kompetenzen. Wir sehen uns und... wenn es Ihre Schwester sein sollte, ich weiß jetzt, woran ich sie erkennen kann."

Strath gab Anna wortlos die Hand und verschwand mit dem Polizisten. Anna stand im dämmrigen Raum und sah sich um. Ein uralter Schrank stand hinter der Tür und gegenüber befand sich ein Regal mit Akten. Viele Ordner standen dort. Einige waren schon sehr verstaubt und Anna konnte die Aufschriften schlecht lesen. Auf einem Aktenordner, ganz unten im Regal, stand **HAARMÖRDER.** Sie beugte sich neugierig hinunter und nahm den Hefter aus dem Schrank. Staub wirbelte durch den Raum. Anna klappte den Deckel auf und sah erschreckt auf ein Foto von einem Mädchen, welches sehr schlimm zugerichtet war. Es sah fast so aus wie die Tote in der Leichenhalle. Anna nahm den Ordner und versteckte ihn unter der Jacke, denn hier konnte sie sich nicht konzentrieren, und vielleicht würde sie doch noch etwas mehr Einblick bekommen, hoffte sie.

Zu Hause angekommen, rief sie gleich bei Alizia an, erzählte ihr die Geschichte, und dass sie sich einige

Polizeiberichte "ausgeborgt" hatte. Lizzi war entsetzt, doch ihre Neugier war stärker.

"Na komm, Anna, lass mich teilhaben. Du weißt doch, dass vier Augen mehr sehen als zwei. Ich entdecke bestimmt etwas Wichtiges, und ich kann besser kombinieren, du bist inzwischen zu sehr in die Sache involviert und voller Emotionen. Deine Gefühle leiten deine Gedanken und..."

"Ist ja gut, Lizzi, du kannst vorbei kommen, bis gleich."

Sie kochte eine Kanne grünen Tee und legte sich Papier und Stifte zurecht. Anna blätterte schon etwas in der Akte herum, als sie das Klingeln der Türglocke erschrecken ließ.

"Mein Gott, wie nimmt mich die ganze Geschichte mit. Lizzi hat recht zu sagen, dass ich zu sehr involviert bin."

Lizzi stürmte ins Wohnzimmer und sah sich um.

"Du hast etwas verändert in diesem Raum, ich weiß aber noch nicht, was es ist."

Anna sah in Alizias grüne Augen und drückte sie an sich.

"Einen schönen guten Abend wünsche ich dir auch, liebste Lizzi!"

Lizzi blickte verdutzt.

"Habe ich dich nicht begrüßt? Es tut mir leid, aber ich bin ein wenig im Stress mit Noah, denn er wollte einfach nicht zu seiner Oma gehen, und da musste ich ihm einiges versprechen bis morgen. Nun bin ich immer am Überlegen, was ich besorge, um mein Versprechen einzuhalten."

"Was hat er denn gewollt?", Anna dachte an ein Auto

oder etwas Süsses.

"Er hat gemeint, dass ich es wissen muss, was er sich von Herzen wünscht, denn ich bin doch seine Mutter und Mütter wissen bekanntlich alles."

Anna lachte, nach langer Zeit lachte Anna wieder von Herzen.

"Na dann, viel Spaß!", sagte Anna grinsend.

Lizzi ignorierte das schadenfrohe Lachen und setzte sich an den Tisch.

"Nun werde ich mal etwas lesen."

"Tu das, ich kenne die Geschichten. Sie gleichen sich, bis auf einige Details. Wir werden, wenn du gelesen hast, mal etwas aufschreiben."

Kommissar Strath blickte mit Ekel und Abscheu auf die Frauenleiche. Sie war bis auf die Unterwäsche entkleidet, und Strath sah, als der Körper in die Folie gelegt wurde, dass sich kein Muttermal auf dem Rücken befand. Er war erleichtert darüber und sprach mit Dr. Horn noch einige Termine ab. Danach fuhr er in seine am Stadtrand liegende Wohnung, und versuchte sich zu entspannen. Seine Frau war für einige Tage verreist und er genoss die beruhigende Stille, die sich in den Räumen breit machte.

Anna und Lizzi waren zu dem Schluss gekommen, dass es einige Zusammenhänge zwischen den einzelnen Mädchen gab.

"Die Mädchen sind alle im selben Reitklub engagiert; irgendwo muss es noch Parallelen geben", sagte Anna.

"Ja, Anna, du hast recht. Ich lese hier gerade, dass sich der Klub am Stadtrand befindet. Wollen wir nicht einmal dort hingehen, es könnte nicht schaden. War Caro auch in dem Klub?"

Anna sah erbost auf.

"Wieso war?! Caro lebt noch und ich werde sie finden. Ihr tut alle so, als ob sie tot wäre!"

Sie stand auf und lief ins Badezimmer. Alizia ärgerte sich über ihre Taktlosigkeit, doch folgen konnte sie ihr nicht. Wenn Anna beschlossen hatte, allein zu sein, dann wollte sie es auch. Lizzi ging langsam im Zimmer auf und ab und dabei fielen ihr die Worte von Caro ein. Damals kam sie ganz aufgelöst zu Anna und verkündete, dass sie sich in den schönsten Jungen vom Reitklub verliebt habe.

"Wie heißt er doch gleich?", Lizzi überlegte so konzentriert, dass sie Anna gar nicht hereinkommen hörte.

"Was denkst du?", hörte sie hinter sich Annas Stimme. Lizzi drehte sich um und wollte gerade ihre Entschuldigung loswerden, doch Anna schnitt ihr das Wort ab, bevor sie auch nur etwas sagen konnte.

"Es tut mir leid, Lizzi, ich bin etwas übersensibel. Natürlich darf man die Hoffnung nicht aufgeben, aber die Anspannung der beiden letzten Tage macht mich überempfindlich."

"Ach, Anna, es ist schon alles richtig, wie du dich verhältst. Ich wüsste es nicht besser. Sag mal, wie hieß denn der Junge damals, in den sich Caro so unsterblich verliebt hatte?"

Anna überlegte kurz und dann sagte sie:

"Ich glaube Philipp Körner, oder Kramer, ach, ich weiß nicht. Warum fragst du?"

"Der Junge hatte zu allen Mädchen, die ermordet wurden, Kontakt, er kennt sie."

Anna blickte hoch.

"Wie, er kennt sie? Es sind viele Jungs in dem Reitklub und jeder kennt die Mädchen. Wieso ausgerechnet er?"

"Anna, ich sag doch gar nicht, dass er der Mörder ist, aber wir haben schon einmal einen Namen und können uns über ihn an die anderen herantasten."

"Ja, du hast vielleicht recht. Gleich morgen werden wir uns dort umsehen."

Anna setzte sich etwas entspannt in den Sessel und Lizzi merkte, wie wichtig es für Anna war, Licht in die Sache zu bringen. Sie würde nicht eher ruhen, bis man Caro wohlbehalten wiedergefunden hat.

Der Vater von Philipp war seit einiger Zeit spurlos verschwunden. Er war der Chef des Reitklubs.

Zur selben Zeit in einem alten Bauernhaus, direkt am Waldrand.

Caro saß apathisch zusammengekauert in einer Ecke des Kellers und hatte furchtbare Angst. Ihre schönen langen Haare wurden ihr abgeschnitten und sie konnte sich nicht mehr erinnern, wann sie das letzte Mal etwas gegessen hatte. Der Durst brachte sie fast um und sie ertrug die Dunkelheit nicht mehr. Vom Rufen und Schreien war sie heiser und geschwächt, und es hörte sie sowieso niemand. Wo war sie? Es musste sehr weit von der Zivilisation sein. Ihr Fuß schmerzte, denn um den linken Knöchel saß viel zu fest eine Stahlfessel. Es stank nach Fäkalien, schon als sie aufwachte. Caro versuchte sich an die letzten Minuten vor ihrem Filmriss zu erinnern. Doch so sehr sie sich auch anstrengte, es kam nichts aus dem Unterbewusstsein, das sie auf eine Spur bringen konnte. Sie registrierte nur, der Raum in dem sie angekettet war, schien ein Keller zu sein, denn es war stockfinster und kalt. Sie fror entsetzlich und alle Gliedmaßen taten ihr weh. Sie fing an zu beten.

"Schau dir das mal an."
Lizzi beugte sich ganz aufgeregt zu Anna hinab, die auf dem Teppich saß und die Akten las.
"Philipp Kramers Schwester, Andrea, ist vor genau drei Jahren von dem Haarmörder umgebracht worden. Die Polizei hatte einen jungen Mann geschnappt, aber die Indizien haben nicht für eine Anklage gereicht."
Anna schaute verdutzt.
"Stimmt, vor einigen Jahren habe ich so etwas gelesen. Die Staatsanwaltschaft ist sich sicher gewesen, mit der Beweisführung hat es aber nicht geklappt. Sie mussten ihn gehen lassen. Steht da auch, wie der Kerl heißt?"
Lizzi überflog kurz noch einmal die Seite und sagte:
"Thomas Klein."
"In Ordnung, ich werde gleich morgen früh zum Reitstall fahren und du versuchst herauszufinden, ob der Klein noch in der Stadt wohnt. Dein Bekannter arbeitet doch noch im Einwohnermeldeamt?"
"Ja, ist gut, ich werde mich gleich darum kümmern."
Strath hatte das Fehlen der 'Haarmörderakte' noch nicht entdeckt. Er saß noch in seinem Büro und wollte gleich nach Hause. Das Klingeln des Telefons durchriss die Stille. Es war Straths Frau. Sie wollte am nächsten Tag abgeholt werden.
"Guten Abend, Lieber, ich möchte bitte morgen abgeholt werden, kannst du mich abholen oder hast du

zu viel zu tun?"

"Ja..., das heißt nein, ich habe keine Zeit, dich zu holen. Wir haben wieder einen ähnlichen Fall wie damals... , als Anja... Es tut mir leid, aber ich muss dran bleiben, denn noch einmal möchte ich ihn nicht entwischen lassen. Ich hoffe, es macht dir nichts aus?"

"Nein, natürlich nicht. Ich werde eben noch ein paar Tage länger bei Mutter bleiben. Also, bis bald und viel Glück."

Strath lehnte sich in seinem Sessel zurück und dachte nach.

'Gleich morgen werde ich den Klein überprüfen lassen und ich werde versuchen, keinen Fehler zu machen', sagte er zu sich.

Am Reitstall war für diese Zeit sehr viel los.

'Es sind Ferien', dachte Anna und ging auf das Hauptgebäude zu. Es sah sehr niedlich aus mit den bunt bemalten Fensterläden. Im Haus war es hell und freundlich und viele junge Leute liefen ihr über den Weg. Anna wollte sich ein Bild machen und fragte erst einmal niemanden nach Philipp. Es roch stark nach Pferd und Anna sog den Geruch tief in sich hinein. Sie liebte Pferde und alles, was sie damit in Verbindung brachte. Onkel Karls Nachbar hatte auch Pferde und sie durfte sich immer um sie kümmern.

"Suchen Sie jemanden?", die Frage holte Anna in die Realität zurück.

"Ja, mein Name ist Anna Heyer, ich suche meine Schwester Caroline oder besser ihren Freund, Philipp Kramer."

Die Frau sah sehr ernst aus. Sie musste die Chefin

sein. Ihr Haar fiel strähnig ins Gesicht und ihre Zähne standen sehr weit vor.

"Tut mir leid, aber Ihre Schwester habe ich schon ein paar Tage nicht mehr gesehen und Philipp kommt heute nicht. Heute ist Reit-Sportfest und Philipp kann so viel Trubel nicht leiden. Er bat mich um Freistellung. Kann ich noch was für Sie tun?"

In ihrer Stimme schwang Ungeduld.

"Ja, bitte", sagte Anna, "wenn es Ihnen nichts ausmacht..., ich hätte gern die Adresse von Philipp."

"Einen Augenblick bitte, ich werde sie Ihnen bringen."

Die Frau verschwand so schnell, wie sie gekommen war und Anna hatte noch etwas Zeit nachzudenken, was sie als nächstes tun würde. Ein junges Mädchen kam auf sie zu und gab ihr freundlich, aber wortlos einen Zettel, auf dem eine Adresse geschrieben stand.

Als Anna dort angekommen war, überkam sie ein ungutes Gefühl. Das Haus war heruntergekommen und die Fensterläden waren geschlossen. Anna saß noch einige Minuten in ihrem Auto, ehe sie sich dazu entschloss auszusteigen. Ein Hund bellte in der Ferne, ansonsten war es sehr still. Fast unheimlich. Anna stieg aus und ging auf das Haus zu. Sie klopfte. Niemand rührte sich hinter der Tür. Anna klopfte noch einmal. Als sich wieder nichts rührte, drehte sie sich um und wollte gehen. Langsam öffnete sich die Tür und eine Frau schaute sie an.

"Was wollen Sie?"

Ihre Stimme klang etwas singend, und ihre Augen blickten starr.

"Entschuldigen Sie bitte, dass ich Sie störe, aber ich

hätte gern den Philipp gesprochen."
Die Frau schaute Anna mit dümmlichen Grinsen an.
"Tut mir leid , Phil ist nicht da."
Sie wollte gerade die Tür schließen, als Anna fragte:
"Wo kann ich ihn denn finden?"
Zynisch fragte die Frau:
"Sind Sie auch hinter ihm her, wie all die anderen Mädchen?"
Anna war entsetzt.
"Nein, ich hätte mich nur gern mit ihm über meine Schwester unterhalten."
Die Frau grinste.
"Wer ist denn Ihre Schwester?"
"Caroline Heyer!", antwortete Anna etwas gereizt.
"Ach, die kleine Caro. Ja, die kenn' ich, aber ich habe sie schon lange nicht mehr gesehen. Und nun habe ich noch etwas zu tun. Sie entschuldigen mich?"
Die Tür schloss sich und Anna stand verloren davor. Sie wollte gerade zu ihrem Auto gehen, als ihr Philipp über den Weg lief. Er sah sehr gut aus und hatte lange Haare, sein Blick schien sie zu durchbohren.
"Was wollen Sie?", fragte er und Anna lachte ihn an.
"Ich bin die Schwester von Caro und ich dachte, dass du weißt, wo sie ist. Deshalb bin ich hier, kannst du mir etwas sagen?"
Der Junge blickte Anna mit seinen schönen blauen Augen an.
'Kein Wunder, dass Caro sich in ihn verliebt hat', dachte Anna.
"Nein, ich weiß nicht, wo Caro ist. Sie ist nicht zu unserer Verabredung gekommen und da habe ich gedacht, dass sie mich nicht mehr mag."

Philipp sah traurig aus, als er es sagte und Anna merkte, dass die Verabredung mit Caro für ihn sehr wichtig gewesen sein musste.

"Sag mal, du hast doch bestimmt von den Toten gelesen, die man gefunden hat. Alle waren es Mädchen aus deinem Reitklub. Das muss sehr schmerzhaft für dich sein, so nach und nach Freunde zu verlieren."

"Ja, wir sind alle sehr traurig darüber", sagte Philipp.

"Deine Mutter..., ich darf doch 'Du' sagen?"

Philipp nickte.

"Also, ich bin Anna", sie gab ihm die Hand.

"Deine Mutter kennt Caro auch, hat sie mir eben gerade gesagt. Kannten die beiden sich näher?"

Philipp blickte in die Ferne.

"Na ja, es ging so. Ich habe Caro einmal mit nach Hause genommen und Caro ist nicht sehr begeistert gewesen."

"Warum?", Anna hatte ein komisches Gefühl, so, als ob sie jetzt etwas Wichtiges in Erfahrung bringen würde.

"Meine Mutter ist nach dem Tod meiner Schwester seelisch aus dem Gleichgewicht geraten. Sie lebte in einer anderen Welt. Als dann noch der vermeintliche Mörder wegen Mangels an Beweisen freigesprochen wurde, ist es ganz schlimm mit ihr geworden. Sie lebte für etwa zwei Jahre in einer psychiatrischen Anstalt. Sie hat sich sehr verändert."

Anna kam das Verhalten dieser Frau auch nicht normal vor, aber sie hatte sich nichts dabei gedacht.

"Das tut mir aber leid. Wer hat sich denn in dieser schweren Zeit um dich gekümmert?"

"Mein Vater."

Sie folgte seinem Blick, der hinüber in den Wald schweifte. In der Ferne war ein kleines Häuschen zu sehen.

"Ein hübsches Haus dort drüben."

Sie sah ihn nicht an.

"Es gehört meinem Vater, aber seitdem er weg ist, bin ich auch nicht mehr dort gewesen."

Seine Stimme klang traurig.

"Und wo ist dein Vater jetzt?"

"Mensch, du kannst einem Löcher in den Bauch fragen. Ich weiß es nicht, vor etwa einem Monat ist er nicht mehr nach Hause gekommen. Ich glaube, er konnte Mutter nicht mehr ertragen mit ihrem Gesäusel, und dem Altar, den sie für Andrea aufgebaut hat. Es ist nicht einfach mit ihr. Ich bin auch die meiste Zeit unterwegs, aber heute ist Reit-Sportfest und ich kann viele Menschen nicht ertragen. Mutter wird erst Ruhe geben, wenn der wahre Mörder seine Strafe bekommen hat."

Anna schaute Philipp in seine schönen Augen.

"Wieso? Weiß sie denn, wer es war?"

"Sie glaubt es zu wissen, aber man hat den Mistkerl wieder auf freien Fuß gesetzt, weil man ihm nichts nachweisen konnte. Einfach nur diese Tatsache, dass er sich des öfteren mit Andrea getroffen hatte, reichte eben nicht aus, ihn wegen Mordes zu verurteilen."

Philipp schaute zurück und sah, dass seine Mutter an der Tür stand.

"Ich muss jetzt gehen. Wenn Sie..., du Caro findest, sage ihr, dass ich sie sehen möchte."

Anna nickte nur und schaute ihm nach. Als er im Haus verschwunden war, drehte sie sich um und ging zu ihrem Auto.

Alizia wartete vor dem Haus schon ungeduldig auf Anna.

"Ich weiß, wo sich der Klein aufhält!", kam sie aufgeregt auf Anna zugelaufen.

"Komm, wir gehen erst mal nach oben. Es braucht ja nicht jeder mitzubekommen."

Sie packte Lizzi am Arm und zog sie in den Hausflur.

"Ich habe auch so einiges in Erfahrung gebracht", sagte Anna, als sie die Treppe hoch liefen.

Boogie begrüßte beide Frauen mit einem herzlichen Bellen und flitzte durch die Wohnung.

"Also", begann Lizzi, "der Typ wohnt noch in der Stadt. Er arbeitet im Schmelzwerk und er hat eine Frau!"

Sie sah ihre Freundin mit großen Augen an, so, als ob dies die wichtigste Nachricht auf der Welt ist.

"Gut", gab Anna zur Antwort, "wir müssen die Akte zurückbringen. Nachher mehr."

Sie stand auf und ging zur Tür. Lizzi verstand es nicht so genau, aber sie widersprach nicht.

Strath kam zu dem Schluss, dass alles identisch war mit den Morden vor drei Jahren. Es muss der Klein gewesen sein. Seine Gedanken trieben ihn soweit, dass er schon einen Haftbefehl wegen Verdachts auf mehrere Tötungen ausstellen ließ. Der Richter war nicht sehr erbaut davon, aber es gab eine Klausel, jemanden wegen dringenden Tatverdachtes zu verhaften. Er stellte den Haftbefehl aus.

Strath fuhr sofort mit Verstärkung zu Klein und klingelte. Die Tür öffnete sich.

"Thomas Klein, hiermit nehme ich sie fest, wegen des

dringenden Tatverdachtes, Frau Simone Müller und Frau Gabriele Schirmer getötet zu haben. Sie haben ein Recht auf einen Anwalt, alles was Sie ab jetzt sagen, kann vor Gericht gegen Sie verwendet werden."

Klein sah fassungslos die Beamten an .

"Ich weiß nicht, was Sie von mir wollen. Ich habe niemanden umgebracht..."

"Ja, ja, das können Sie Ihrem Anwalt erzählen. Es wurden Haare am Tatort gefunden, die Ihrer DNA-Analyse am nächsten kommen. Dieses Mal kommen Sie nicht davon."

Strath ließ ihn von zwei Beamten abführen. Im Verhörraum erzählte Klein, dass er vor vier Wochen in der Stadt einen Streit mit einer Frau hatte.

"Sie kam auf mich zu und fing an wirres Zeug zu reden. Als ich mich umdrehte um zu gehen, hielt sie mich an meinen Haaren fest und rief laut 'Hilfe, der Mann will mir meine Tasche stehlen!' Alle Leute kamen angerannt und ich hatte Angst. Sie riss an meinen Haaren und dann ließ sie mich los. Ich bin dann abgehauen."

Strath sah ihn an. Er wechselte in das 'Du', weil Klein ihn anwiderte und er allen Respekt verlor.

"Was hat das mit deiner Anklage zu tun?", Klein wirkte verzweifelt.

"Verstehen Sie doch, da will mich jemand ans Messer liefern. Es wurden Haare von mir bei den Leichen gefunden - und wie kommen meine Haare an den Tatort, wenn ich nicht dort war?!"

Strath winkte ab.

"Du bekommst das, was du verdienst. Dieses Mal werden wir dich festnageln."

Anna tauschte mit Lizzi auf dem Weg ins Polizeirevier die eingeholten Informationen aus. Im Revier angekommen, meinte Anna:

"Lizzi, du musst den Kommissar ablenken, damit ich die Akte wieder zurückstellen kann."

Lizzi blickte verstört.

"Wie soll ich das anstellen, er wird dich doch nicht allein lassen."

"Dann sag ihm einfach, dass du dich mit ihm unter vier Augen unterhalten möchtest, weil ich in dieser Situation ziemlich gestresst bin. Du machst dir eben Sorgen. Mein Gott, Lizzi, lass dir etwas einfallen!"

Das Büro des Kommissars war nicht verschlossen und es schien auch niemand dort zu sein.

"Na prima, er ist nicht da. Lizzi, du stehst Schmiere und ich lege die Akte zurück."

Gerade als Anna die Bürotür schloss, um zu gehen, kam Strath um die Ecke.

"Hallo, Frau Heyer, schön, dass Sie hier sind. Ich wollte Sie gerade anrufen."

Der Schreck saß ihr noch in den Gliedern, aber sie ließ sich nichts anmerken.

"Ja, was gibt es denn? Haben Sie Caro gefunden?"

"Nein, tut mir leid, aber ich habe den Mörder von den beiden Mädchen verhaftet. Und Sie kommen nicht darauf, wer es ist."

Anna tat so, als würde sie überlegen.

"Na ja, ich denke Thomas Klein."

Der Kommissar sah die Frauen verwundert an.

"Woher wissen Sie das?"

Anna schaute ihn triumphierend an und sagte:

"Journalisten haben eben ein Gespür für Brisantes.

Nein, ich kann nur eins und eins zusammenzählen und bin dann auf Klein gekommen, denn die Morde ähneln denen von vor drei Jahren. Nur damals konnten Sie ihm nichts nachweisen. Ich hoffe, dass es heute besser ist."

Strath sah sie an und zog die Schultern nach oben.

"Das werden die Gerichtsmedizin und Zeugen beweisen müssen. Ich hoffe nur, dass ich keinen Fehler gemacht habe."

Er verabschiedete sich und ging in sein Büro. Anna und Lizzi sahen sich an und verschwanden auf dem schnellsten Wege.

"Ich muss mir das Haus einmal genauer ansehen", sagte Anna als sie im Auto saßen.

"Welches Haus?", Lizzi schaute erstaunt.

"Ich habe es dir doch erzählt, dass Kramers ein altes Haus am Waldrand haben. Philipp hat immer dorthin geschaut; so, als ob es dort etwas Wichtiges gibt."

Sie setzte Lizzi zu Hause ab und fuhr in ihre Wohnung, um Boogie abzuholen.

"So, mein Kleiner, wir werden heute mal in den Wald gehen und uns ein bisschen umsehen."

Boogie freute sich und so fuhren sie in die Nähe des Kramer'schen Grundstücks. Am Weg stellte sie ihr Auto hinter einem Strauch ab und ging auf das etwa einhundert Meter entfernte Haus zu. Es begann dunkel zu werden, und bleigraue Wolken jagten über den Himmel. Anna war es unheimlich zumute, denn jetzt, aus der Nähe betrachtet, sah sie, dass es ein altes, zum teil verfallenes Gebäude war. An der Tür blinkte etwas. Anna trat näher und stellte fest, es war ein nagelneues Vorhängeschloss, das an der Tür hing.

Sie wusste nicht, wonach sie suchen sollte, aber sie suchte. Boogie schnüffelte überall herum und Anna musste sehr aufpassen, dass er sich nicht so weit entfernte. Anna lief ziellos um das Gemäuer und versuchte durch die Fensterläden zu schauen, doch Bretter und Gerümpel versperrten ihr den Blick. Nach einer halben Stunde wurde ihr langweilig und sie merkte, wie ihre Unruhe und Neugier verflogen waren. Sie rief nach Boogie, doch der wollte sich nicht zeigen.

"Boogie, komm, wir gehen."

Doch der Hund kam nicht. Anna schimpfte leise vor sich hin und ging um das Haus an die Stelle, wo sie Boogie zuletzt hatte buddeln sehen. Drahthaardackel sind Jagdhunde, die speziell für die Jagd auf Kleinwild gezüchtet worden sind. So kommt den Hunden ihr gesteigerter Instinkt, nach Hasen oder Füchsen zu graben, ganz recht. Boogie war auch nur am Graben und Ausbuddeln interessiert. Es war seine Lieblingsbeschäftigung. Sie kam um das Haus und sah Boogie nur noch mit seinem Hinterteil aus dem von ihm gegrabenen Loch herausschauen. Anna rief nochmals, doch der Hund reagierte nicht.

"Lass die Hasen in Ruhe und komm jetzt, mir wird kalt."

Anna ging zu dem Loch und packte Boogie am Nacken und zog ihn heraus. Im selben Moment ließ sie ihn fallen und erschrak fast zu Tode. Boogie hatte eine abgetrennte Hand in seiner Schnauze. Sie schrie ihn an, dass er sie fallen lassen sollte und das tat er dann auch. Sie rannte zum Auto und fuhr wie vom Teufel geritten davon. Nach einigen Sekunden blieb sie stehen und rief Kommissar Strath an.

"Kommissar, ich habe eine Hand gefunden!"
Der Kommissar wusste nichts damit anzufangen.
"Was für eine Hand?", scherzte er.
Anna war kurz davor, verrückt zu werden.
"Bitte, kommen Sie hierher, zu dem alten Haus der Kramers. Boogie, mein Hund, hat eine Hand ausgegraben!"
Der Kommissar wurde ernst.
"In zehn Minuten sind wir dort."
Er legte auf und Anna musste ihre Gedanken ordnen.
Sie schaute jede Minute auf die Uhr, doch die Zeit schien stillzustehen. Nach exakt acht Minuten rollten zwei Polizeiautos in den Waldweg. Anna stieg aus, um Strath entgegen zu laufen.
"Wo genau haben Sie die Hand gefunden?"
Anna war sehr aufgeregt und sie konnte gar nicht so schnell antworten.
"Ich denke, dort, wo mein Hund gegraben hat."
Die Polizisten folgten ihren Anweisungen und fanden nicht nur eine Hand, sondern auch den dazu gehörenden Körper. Es war der seit einiger Zeit vermisste Karl Kramer. Sein Sohn hatte ihn als vermisst gemeldet. Strath gab Anweisung das Haus zu öffnen. Es roch unangenehm nach Kot. Anna musste die Luft anhalten, um nicht aus den Schuhen zu kippen.
"Wie kommen Sie eigentlich an dieses Haus? Haben Sie etwas gesucht?", wollte Strath wissen.
Anna versuchte glaubwürdig zu klingen.
"Nein, ich wollte mit Boogie mal etwas anderes unternehmen, außer in den Park zu gehen. Ist das hier Privatgelände?"
Strath bejahte dieses, aber er konnte Anna nicht

verbieten, im Wald spazieren zu gehen. Der Gerichtsmediziner Dr. Horn war auch eingetroffen. Er untersuchte erste Spuren, die einen Mord nicht ausschlossen.

"Der Mann wurde erschlagen", war seine Diagnose über die Todesursache, "weitere Untersuchungen kann ich nur im Institut vornehmen."

Strath nickte kurz und ließ dann den Kollegen von der Spurensicherung den Vortritt. Er ging mit Anna in das Haus und sah sich um.

"Alles verfallen, kein Möbelstück in dem ganzen Haus. Irgendwie merkwürdig. Ich werde jetzt zu Kramers fahren und ihnen von der Sache berichten."

Anna hatte auch vor zu gehen, denn länger konnte sie nicht in diesem Haus bleiben.

Am nächsten Tag lag der Bericht von Dr. Horn vor. Strath las ihn aufmerksam. Es sind fremde Hautreste unter den Fingernägeln des Toten gefunden worden. Er dachte an die Frau des Toten. Sie hatte keinerlei Regung gezeigt, als er ihr die Nachricht vom Tod ihres Mannes überbrachte. Sie stand apathisch am Fenster und redete immer vor sich hin. Strath hatte dann mit dem Sohn Philipp gesprochen, der sehr schockiert über den Tod des Vaters war.

Anna konnte den Anblick des Toten nicht so schnell verarbeiten, deshalb fuhr sie nicht zu sich nach Hause, sondern gleich zu Alizia.

"Du kannst dir gar nicht vorstellen, was Boogie heute auf dem Grundstück des Hauses der Kramers gefunden hat. Er hat den alten Kramer tot und verbuddelt neben seinem Haus gefunden."

Lizzi bekam den Mund gar nicht wieder zu.

"Da hattest du doch recht, als du sagtest, dass der

Junge immer auf das Haus gestarrt hat. Vielleicht wusste er es? Dein kriminalistischer Instinkt lässt dich eben nicht im Stich."

Lizzi setzte sich neben Anna und hielt ihr die Hand.

"Mensch, Anna, was machst du denn für Sachen. Ich denke, dass du gemütlich vor der Glotze hockst und dabei bist du auf Leichensuche."

Anna konnte jetzt schon wieder lächeln.

"Du, Lizzi, ich muss da morgen nochmal hin. Ich glaube, dass die das Haus nicht versiegelt haben."

Am nächsten Morgen war Anna schon hellwach. Sie zog sich Räuberzivil über und fuhr mit Boogie noch einmal zu dem Haus. Die Sonne war gerade im Begriff aufzugehen und die Vögel sangen in den lieblichsten Tönen. Anna drehte sich zu Boogie um.

"Ein göttlicher Morgen. Wenn ich nicht wüsste, was vergangene Nacht hier passiert ist, würde ich mich ganz wohl fühlen."

Boogie wedelte freudig mit seinem Schwanz und lief voraus. Anna hatte Recht behalten. Das Haus war nicht versiegelt. Sie stieß die Tür auf, und wieder nahm ihr der bestialische Gestank den Atem. Schon am Vorabend hatte sie ihren Ekel nicht unterdrücken können, aber jetzt überrollte sie eine Welle von Übelkeit.

Sie stand bewegungslos da, als sie glaubte, etwas zu hören. Boogie war draußen und beschäftigt, das Revier zu markieren. Und wieder vernahm sie ein Geräusch. Es könnte ein Klopfen sein, sehr schwach und ganz weit entfernt. Anna meinte, dass es nur eine Sinnestäuschung war und fing an, den schweren Schrank zu öffnen. In dem Schrank befanden sich nur alte Kleidungsstücke.

Boogie war ins Haus gerannt und fing an zu bellen.

"Sei ruhig, oder willst du, dass man uns hier entdeckt?", schrie sie ihn an, doch der Hund gab keine Ruhe. Er schnüffelte am unteren Teil des Schrankes und versuchte dort zu graben.

"Nein, Boogie, pfui!"

Sie bückte sich und sah sich die Dielen genauer an. Es hätte sich eine Ratte dort verstecken können oder eine Maus, denn das wäre eine Erklärung für das Theater, welches Boogie hier veranstaltete. Als sie genauer hinsah, fiel ihr ein etwas breiterer Spalt auf und sie untersuchte ihn genauer. Boogie war ganz aufgeregt und ließ die Neugier von Anna wachsen. Sie kam schlecht an das Objekt der Begierde und deshalb nahm sie ihre ganze Kraft zusammen und schob den schweren Schrank ein kleines Stück zur Seite. Anna bückte sich abermals und entdeckte, dass sich dort nicht nur ein Spalt auftat, sondern eine Falltür befand. Eine Falltür, exakt versteckt. Das konnte nichts Gutes bedeuten. Anna nahm ihre ganze Kraft zusammen und schob den Schrank Zentimeter für Zentimeter zur Seite. Als der Schrank soweit von der Falltür weg stand, dass man sie öffnen konnte, fehlte ihr der Mut dazu.

Sie saß eine Weile und überlegte, was sie dort erwartete.

Vielleicht eine neue Leiche, oder etwas Schlimmeres? Nach einigen Minuten nahm sie ihren ganzen Mut zusammen und zog die Tür vorsichtig auf. Ein noch ekelhafterer Geruch kam ihr entgegen und sie musste sich beherrschen, um sich nicht zu übergeben. Es war stockfinster und Anna suchte vergebens einen Lichtschalter. Im Auto, so konnte sie sich erinnern, hatte

Steve ihr damals alles Wichtige eingepackt.

'Man kann nie wissen, in welcher Situation man sich einmal befindet', hatte er damals gesagt.

'Guter Steve, er denkt immer an alles', dachte Anna und lief zum Auto. Es befand sich tatsächlich eine Taschenlampe darin. Schnell rannte sie zurück und leuchtete in den Keller. Was sie dort sah, war erschreckend.

"Mein Gott, haben die hier Tiere gehalten?", sagte sie halblaut zu Boogie, doch der war schon im Keller verschwunden. Überall lag Kot. Eine steile Treppe führte hinab, Marke Eigenbau. Anna hatte Schwierigkeiten, die Stufen zu treffen. Sie waren so schmal, dass ein Kinderfuß schon Probleme bekommen würde.

Unten angekommen, musste sie sich erst orientieren. Sie hörte Boogie bellen, also lief sie in diese Richtung. Die Taschenlampe hatte einen Wackelkontakt und Anna stand öfter im Dunkeln als ihr lieb war. Boogie bellte nicht mehr so hektisch und Anna lief in die Richtung, aus der das Bellen kam. Mit einem Male stürzte sie über einen Gegenstand. Ihre Lampe fiel ihr aus den Händen und nun saß sie, mit schmerzverzerrtem Gesicht auf dem feuchten, mit Fäkalien überzogenen Boden. Sie tastete nach ihrer Lampe und fand sie auch. Die Lampe ließ sich problemlos anschalten.

"Na, wenigstens geht es der Lampe besser als mir", sagte sie und versuchte aufzustehen. Der Lichtstrahl fand Boogie, der seit geraumer Zeit nicht mehr bellte. Sie sah ihn neben irgend etwas sitzen. Als sie genauer hinsah, dachte sie zu träumen. Caro lag dort auf Stroh, angekettet, verdreckt, bis auf die Knochen abgemagert und fast besinnungslos. Anna fing an zu weinen und

Boogie leckte Caros Gesicht. Langsam kam Caro wieder zu sich. Anna kniete neben ihr und hielt sie im Arm, bis ihr auffiel, dass Caro keine langen Haare mehr trug. Ihr wurde mit einem Mal klar, dass Philipp Kramer der Haarmörder sein musste. Sie erschrak bei dem Gedanken.

"Caro, Liebes, wir müssen hier weg. Kannst du laufen?"

Caro war sehr schwach und nahm nicht richtig wahr, was um sie herum passierte. Anna zog ihr Handy aus der Tasche und wollte die Polizei verständigen, doch hier im Keller hatte sie keinen Empfang.

"Ich komme gleich wieder", sagte sie zu Caro und lief dem Ausgang entgegen. Gerade als sie die oberen Stufen erreicht hatte versperrte ein Schatten ihr die Sicht. Es war Philipp. Anna erschrak und stolperte, fast wäre sie die Treppe hinunter gefallen. Sie versuchte, sich couragiert zu verhalten, doch die Angst saß ihr im Nacken.

"Was tust du hier?", war die barsche Frage ihres Gegenübers.

"Ich habe Caro gefunden, wir müssen die Polizei verständigen."

Anna sah die erstaunten Augen von Philipp und konnte nicht glauben, dass er der 'Haarmörder' sein sollte.

"Wo ist sie?", stieß er hervor und eilte die Treppe hinunter. Anna nutzte die Zeit und rief die Polizei.

'Hauptsache, die Polizei ist verständigt. Auch wenn er der Mörder ist, er wird uns nichts mehr tun, denn die Polizei wird gleich hier sein', dachte sie, um ihrer Angst ein wenig Herr zu werden.

"Kommissar? Hier Heyer. Ich habe meine Schwester gefunden. Bitte kommen Sie zum Grundstück der Kramers. Sie liegt im Keller des Gebäudes. Der Mörder ist auch hier, bitte beeilen Sie sich."

Strath musste erst richtig wach werden, bevor er die Worte verstand.

"Ja, ich werde in einigen Minuten dort sein."

Anna hoffte auf ein schnelles Erscheinen der Polizei, denn sie wusste nicht, was Philipp tun würde. Sie lief zur Treppe zurück und rief dabei Caros Namen. Als sie unten ankam, glaubte sie ihren Augen nicht. Dort saß Philipp und hatte Caro im Arm und weinte. Er weinte sehr und sprach mit Caro. Anna konnte die Worte nicht verstehen. Als sie näher heran trat, hörte sie ihn sprechen.

"Das muss sie büßen, ich werde es nicht zulassen, dass sie mein Leben zerstört."

Anna hockte sich neben die beiden und fragte:

"Wer zerstört dein Leben?"

Er sah sie mit roten, verquollenen Augen an.

"Mutter, sie hat Caro hierher gebracht, weil sie es nicht ertragen kann, dass ich eine Freundin habe. Seit Andrea tot ist, versucht sie mir jeglichen Kontakt zu Mädchen zu unterbinden."

"Aber warum sperrte sie Caro ein?"

Anna konnte sich keinen Reim darauf machen.

"Ich glaube, dass sie Caro töten wollte."

Im selben Moment steckte Strath seinen Kopf durch die Luke.

"Frau Heyer! Wir kommen jetzt runter."

Dann ging alles sehr schnell. Philipp wurde verhaftet und Caro kam ins Krankenhaus.

"Es ist seine Mutter", sagte Anna zu Strath, "er hat es mir erzählt."

Strath sah Anna an.

"Der Junge will seine Schuld auf seine Mutter abwälzen. Sie ist nicht zurechnungsfähig. Er hasst sie. Warum sollte sie es tun?"

Anna erzählte ihm die Sache mit der grenzenlosen Eifersucht ihrem Sohn gegenüber und Strath konnte es nicht glauben.

"Wie kommen Sie eigentlich hierher? Die Tür sollte doch versiegelt sein."

Sie überlegte, denn er konnte es nicht verstehen.

"Ich hatte ein ungutes Gefühl und irgendwie musste ich hierher. Ich kann es nicht erklären, was ich gesucht habe, aber ich hoffte Antworten zu finden."

Der Kommissar schüttelte den Kopf.

"Wir werden Frau Kramer ins Revier bringen. Unser Polizeipsychologe wird sich ihrer annehmen."

Strath stieg ins Auto und verschwand.

Anna stand vor ihrer Mutter und überbrachte ihr die gute Nachricht.

"Caro kommt bald nach Hause, dann werden wir drei Urlaub machen. Ich weiß auch schon wo."

Im Polizeiverhör sagte Frau Kramer immer wieder, dass sie nicht wüsste, wie das Mädchen in den Keller des leeren Hauses gekommen sei, doch nun lag die Aussage von Caro vor.

"Frau Kramer, das Mädchen gibt an, von Ihnen eingeladen worden zu sein. Sie wollten ihm etwas zeigen und ab diesem Augenblick fehlt die Erinnerung. Sie waren die Letzte, die das Mädchen gesehen hat.

Leugnen hat keinen Sinn."

Nachdem der Polizeibeamte keinen Erfolg bei der Vernehmung hatte, wurde ein Psychologe gerufen. Er befasste sich mit der Frau einige Stunden. Danach kam er zu Strath und erstattete Bericht.

"Warum hat sie es getan?"

Strath konnte nicht glauben, dass eine Mutter so brutal morden konnte.

"Die Frau leidet seit dem Tod ihrer Tochter an einer fehlgesteuerten Persönlichkeit."

Strath blickte interessiert.

"Kann ein Mensch seinen Charakter ändern? Die Frau galt vor Jahren als eine gutmütige und gesellschaftlich engagierte Persönlichkeit."

"Zu verändern ist normalerweise unmöglich, aber verwirrte Menschen haben fehlgesteuerte Persönlichkeiten. Die Zeichen, an denen man das erkennt, hängen von der jeweiligen Art der Fehlsteuerung ab. Bei Frau Kramer sprechen wir von einer Grenzpersönlichkeit. Diese ist zwischen Neurose und Psychose angesiedelt. Manchmal legt solche Person psychotisches Verhalten an den Tag, aber im allgemeinen wird sie als neurotisch eingestuft. Sie ist extrem auf sich fixiert. Sie nennt sich selbst 'Racheengel' und sie kämpft gegen die Mächte der Dunkelheit."

Der Kommissar war beeindruckt.

"Und der Tod der Tochter hat das alles ausgelöst?"

"Nicht nur. Als der vermeintliche Mörder ihrer Tochter wieder auf freiem Fuß war, 'schwor' sie, nicht länger Ruhe zu geben, bis er seine Strafe bekommt. Sie ist verzweifelt gewesen, nur dieser Gedanke hat sie aufrecht erhalten."

Der Kommissar hatte viele Fragen, die noch offen waren.

"Warum hat sie einem Mädchen die Kehle durchgebissen und warum hat sie ihnen die Fingerkuppen abgehackt?"

"Die Kehle hat sie dem Mädchen nur durchgebissen, weil es ihr das Messer, mit dem sie es töten wollte, aus der Hand geschlagen hat. Ihr blieb nichts weiter übrig, als es auf diese grausame Art umzubringen. Ja, die Fingerkuppen der Opfer hat sie deshalb abgehackt, um keine Spuren zu hinterlassen, Hautfetzen oder ähnliches, aber die Morde mussten auch der Art und Weise des Haarmörders gleichen. Schließlich hatte sie vor, die Spur zum Mörder ihrer Tochter zu führen. Deshalb riss sie ihm die Haare aus, um sie auf den Leichen zu verteilen. Das sollte die Spurensicherung exakt auf Klein bringen. Er sollte büßen."

Der Psychologe beeindruckte mit seinen Äußerungen.

"Warum hat sie ihren Mann erschlagen?"

"Ihren Mann", so der Psychologe, „hat sie getötet, weil er zur Polizei gehen wollte, aber das konnte und wollte sie nicht zulassen. Sie hat Jahre gebraucht, um ihren Racheplan zu verwirklichen. Nun kam der Ehemann und wollte alles zunichte machen. Er musste sterben, weil der grenzenlose Hass seiner Frau nicht zu bändigen war."

Strath verabschiedete sich von Dr. Jansch und fuhr nach Hause.

"Ja, wir hätten ihn endlich einbuchten können, wenn der Frau nicht einige Fehler passiert wären", dachte er und er schämte sich seiner Gedanken.

Anna dachte über die letzten Tage nach und kam zu

der Erkenntnis:

'Persönliche Grenzen zu durchbrechen ist immer eine Frage des Willens. Der Mensch kann so vieles bewältigen, wenn er an das glaubt, was er tut. Glaube versetzt eben doch Berge.'

Sie lehnte sich zurück und atmete tief durch. Sie war erleichtert, denn sie hat nicht nur ihre Schwester wieder gefunden, sondern auch sich selbst.

RIEN NE VA PLUS
ein mörderisches Spiel

'Die Angst des Mörders', das ist ein dummer Name für einen Fernsehfilm, dachte Patricia.

Sie sah gelangweilt in die Fernsehzeitung. Ihr Mann war mal wieder etwas länger unterwegs. Die Ehe dauerte schon zwölf Jahre und mit der Zeit hatte sich Langeweile eingeschlichen. Pat war es eigentlich egal, wann Frank nach Hause kam, denn es lief immer gleich ab. In den zwölf Jahren hatte sie sich so manches Kilo angefuttert, und im Bett lief auch nicht mehr allzuviel. Seit der Geburt ihres Sohnes Lukas hatte sie nicht mehr gearbeitet. Frank war der Meinung, dass eine Mutter bei ihrem Kind zu sein hat. So hatte sie mehr und mehr den Kontakt zur Außenwelt verloren.

Das Telefon läutete. Pat sprang auf und wusste schon, wer anrief:

"Hallo Frank."

"Woher weißt du, dass ich anrufe?", Frank klang sehr erstaunt.

"Ich weiß nicht, eine Eingebung vielleicht?"

"Ich komme heute etwas später nach Hause, ich muss die Überführungs-Wagen noch entgegennehmen."

Frank hörte sich sehr ehrlich an, doch sie war der Meinung, dass er nicht die Wahrheit sagte. Sie antwortete brav wie jedes Mal.

"Ja Schatz, ist in Ordnung. Ich werde dann bestimmt schon schlafen, wenn du nach Hause kommst."

Ohne Gruß legte sie auf, ging gedemütigt zum Sofa und schob sich sogleich eine Praline in den Mund. Das machte sie schon seit einigen Jahren und sie merkte es auch an ihrer Kleidung. In den letzten Monaten hatte Pat fünfzehn Kilo zugenommen und mit jedem Pfund, das sie zunahm, schwand ihr Selbstwertgefühl.

Patricia war vor der Geburt ihres Sohnes freischaffende Fotografin in einer sehr guten Model-Agentur gewesen. Ihre Arbeiten waren in Mailand und Paris sehr begehrt. Sie hatte ein schön-stressiges Leben geführt, bevor Frank in ihr Leben trat. Frank hatte damals von seinem Vater das Importgeschäft von Autos übernommen. Nur erstklassige Fahrzeuge. Nicht, dass sein Vater schon das Zeitliche gesegnet hätte, nein! Sein Vater setzte sich mit einigen Millionen in den Süden ab, um sein Leben zu genießen. Seine Frau war vor zehn Jahren an Magenkrebs verstorben und seitdem durfte Frank das Ruder in der Firma führen. Er hatte zweihundert Mitarbeiter. Im Grunde ging es Pat sehr gut und sie hatte auch nichts gegen den Geldüberfluss einzuwenden, aber Geld bringt falsche Freunde. Sie musste es am eigenen Leib erfahren, damals mit Claudia, aber das ist eine andere Geschichte.

Es sind die Fernsehnachrichten gewesen, die Pat aus ihrem Tiefschlaf holten. Sie lag immer noch auf dem Sofa, zusammengerollt wie eine Katze. Frank war noch nicht zu Hause, dabei zeigte die Uhr schon Mitternacht. Sie zog sich aus und ging ins Bett.

Der nächste Morgen begann so wie der Abend endete, denn Frank lag nicht in seinem Bett. Pat überkam ein ungutes Gefühl. Frank war noch nie so lange fort geblieben. Als sie aufstand, fand sie Lukas noch schlafend in seinem Zimmer. Es war Wochenende, ansonsten wäre Lukas schon in der Schule. Pat schloss leise die Tür und ging in die Küche. Der Kaffee schmeckte widerlich und sie goss ihn in den Ausguss. Plötzlich drehte sich der Schlüssel in der Tür. Frank war endlich zu Hause und sie stürmte auf ihn zu.

"Wo, zum Teufel bist du die ganze Nacht gewesen?", Patricias Stimme überschlug sich.

"Es tut mir leid und ich hätte auch angerufen, aber es war weit nach Mitternacht, als ich einen Anruf bekam. Der Lastwagen mit den Fahrzeugen stand im Stau. Ich konnte dich doch nicht stören, denn du wolltest doch ins Bett gehen."

Er sah sehr müde aus und sie schrie ihn an:

"Entschuldige, dass ich mir Sorgen mache. Es hätte ja sein können, dass dir etwas zugestoßen ist. Aber das wird mir ganz bestimmt nicht mehr passieren. Mach was du denkst und ruf auch nicht mehr an, wenn es später werden sollte!"

Pat ging wutentbrannt ins Badezimmer und nahm ein Bad. Danach zog sie sich nett an, um mit Lukas in die Stadt zu fahren. Allein zu fahren war für Pat immer eine Zumutung, deshalb war sie froh, Lukas mitnehmen zu können. Lukas bemerkte die Spannung, die in der Luft lag.

"Was ist denn nur los, Mama?", Lukas schaute Pat etwas verwirrt an. Lukas war genauso groß wie sie, und er wäre glatt als Sechzehnjähriger durchgegangen, obwohl er erst zwölf Jahre alt war.

"Ist schon in Ordnung, Schatz. Mach dir keine Sorgen", sie hakte sich unter und zusammen verließen sie das Haus, in dem Frank noch schlief.

"Hallo, Patricia!", eine schrille Stimme durchschnitt das Kaufhaus. Pat sah sich erschreckt um und erkannte, nach mehrmaligem Suchen, eine Frau ihres Alters. Der Name der Frau fiel ihr nicht mehr ein und sie bekam ein schlechtes Gewissen, weil sie nicht wusste, wie sie sich verhalten sollte.

"Sag mal, wo steckst du denn so lange. Ich habe dich ewig nicht mehr gesehen. Ich glaube es müssen jetzt mindestens zehn Jahre her sein."

Die Frau sah sehr gepflegt aus und ihre braunen kurzen Haare ließen sie jünger wirken. Pat sah die Frau an, und nach der schrillen Stimme zu urteilen, konnte es nur Carmen sein, denn Carmen hat immer geredet ohne Luft zu holen.

"Carmen, es ist ja schön, dass wir uns mal sehen", endlich hatte sie ihre Erinnerung wiedergefunden.

"Wie geht es dir so? Hast du deinen Freund von damals geheiratet?", fragte Carmen.

"Und wie ist es dir ergangen?", erwiderte Pat.

"Nicht schlecht."

Carmen hörte sich nicht ehrlich an.

"Wir wollen ein wenig shoppen gehen und uns die Zeit vertreiben."

Pat lächelte.

"Das ist ja toll, ich habe auch nicht viel vor, da könnten wir uns ja zu dritt die Zeit vertreiben."

Carmen war voller Enthusiasmus und hakte sich gleich bei Pat unter.

Der Tag verging wie im Flug und Patricia war erstaunt über sich selbst. Sie genoss die Gespräche mit Carmen und sie fühlte sich keinen Moment gelangweilt.

Frank war schon unterwegs, als Lukas und Pat das Haus betraten. Ein Zettel lag auf dem Küchentisch: 'Bin gegen neun wieder zurück. Frank.' Sie las den Zettel ohne Emotionen. Frank war ihr mit der Zeit gleichgültig geworden. Es war ihr egal, wo er sich gerade aufhielt. Vielleicht hat er doch eine Freundin, dachte sie und ging ins Schlafzimmer. Die Anmeldung für das Fitness-Center legte sie sorgfältig in den Nachtschrank. Pat fühlte sich befreit und selbstsicher. Carmen hatte die Idee, etwas für ihre Figur zu tun. Sie überredete Pat.

"Ich möchte dir nicht zu nah treten," sagte Carmen, "aber ich finde, du solltest etwas für deine Figur tun. Früher bist du so schön schlank gewesen, und ich habe dich immer beneidet."

Im ersten Moment war Pat sehr geschockt, aber nach längerem Überlegen musste sie sich eingestehen, dass Carmen die Wahrheit sagte.

Das erste Probetraining fand am nächsten Morgen statt. Carmen wartete schon an der Eingangstür. Beide absolvierten den ersten Trainingstag mit Bravour. Ihre Motivation wollte kein Ende nehmen. Im Café erzählte Carmen, dass sie einen Sprach- und Deutschkurs absolviert hatte. Pat merkte auch eine Veränderung in ihrer Ausstrahlung. Ja, sie hatte sich verändert, und das machte ihr Mut, auch eine Veränderung an sich vorzunehmen.

'Es ist nie zu spät, um sein Leben wieder lebenswert zu machen', dachte Pat, 'mit der Figur fange ich an. Dann werde ich mir endlich eine neue Arbeit suchen. Ich denke, dass ich noch einige Qualitäten aufbringen kann, um einen guten Job zu bekommen.'

Carmen war unglücklich verheiratet und ihr Mann ließ sie einfach nicht gehen. Sie verlor ihr Baby vor zehn Jahren und seitdem konnte oder wollte sie keine Kinder mehr bekommen. Ihr Mann gab ihr die Schuld an der Fehlgeburt und strafte sie mit Missachtung und Liebesentzug. Als sie sich scheiden lassen wollte, drohte er ihr damit, dass er sie töten würde, wenn sie ihn verließe. Er war kaum zu Hause und Carmen ging es tagsüber sehr gut, bis ihr Mann, sein Name ist Bernd, nach Hause kam. Ihr Redefluss stockte oft, wenn sie von sich erzählte.

"Wenn er abends nach Hause kommt, trinkt er sich erst einmal Mut an und dann..., er will dann immer mit mir schlafen, jeden Abend. Seitdem er seine Arbeit verloren hat, ist es ganz schlimm geworden."

Pat sah sie erschreckt an.

"Er vergewaltigt dich?"

Sie nickte leicht.

"So etwas hört man des öfteren in Talk Shows, aber dass es einer meiner Bekannten passiert, hätte ich im Traum nicht geglaubt!", Pat war geschockt, "aber warum gehst du dann nicht ins Frauenhaus? Ich glaube, dass dir dort geholfen werden kann."

Carmen sah auf ihre leere Kaffeetasse.

"Er wird mich töten. Du kennst ihn nicht."

"Natürlich kennt er mich nicht, und das ist es. Du wirst bei mir wohnen. Er wird dich nicht finden."

Patricias Begeisterung wuchs. In ihr steckte schon immer ein Samariter.

"Das ist lieb von dir," sagte Carmen, "aber ich kann dein Angebot nicht annehmen. Er weiß, wo ich arbeite. Spätestens dort wird er mich finden."

Oh Gott, daran hatte Pat nicht gedacht. Ihre Begeisterung verebbte.

"Wenn ich doch nur wüsste, wie ich dir helfen kann!"

Carmen lächelte dezent, aber Pat merkte, wie traurig sie wirklich war. Carmen stand auf und verabschiedete sich.

"Tut mir leid, dass ich dich mit meinen Problemen

belästigt habe, ich hoffe, du nimmst es nicht so ernst."

Sie hob ihre Hand zum Gruß und wollte gehen.

"Du hast mich nicht belästigt, hör bitte mit diesem Quatsch auf. Wir beide wissen, dass es nicht so weiter gehen kann und ich bin immer für dich da. Bitte denke immer daran."

Pat traten Tränen in die Augen. Carmen wurde verlegen und sie blickte weg.

"Es tut mir leid, aber ich muss jetzt gehen. Bernd wird bald nach Hause kommen, und wenn ich kein Abendessen gerichtet habe, schlägt er mich wieder."

Langsam nickte Pat und im Nu war Carmen verschwunden. Pat war es flau im Magen. Die Vorwürfe wollten kein Ende nehmen.

Tagtäglich passiert vielen Frauen in Deutschland genau das, was Carmen jeden Tag passierte, und sie musste herumsitzen und konnte nichts tun. Sie bezahlte und fuhr nach Hause.

Die Sonne kitzelte Patricia aus ihren Träumen. Sie drehte sich zu ihrer rechten Betthälfte und sah Frank noch schlafen. Als sie versuchte leise aufzustehen, zog er sie an sich und fing an mit ihr zu kuscheln. Er war noch im Halbschlaf und Pat versuchte, sich seinen Liebkosungen zu entziehen. Es klappte aber nicht so wie sie es wollte.

"Guten Morgen, Liebling," hörte sie Frank wispern.

"Wie schön es ist, endlich mal gemeinsam aufzuwachen."

Er flüsterte ihr seine Liebkosungen leise zu und knabberte dabei an ihrem Ohrläppchen. Pat merkte, wie innere Unruhe in ihr aufkam. Ein Kribbeln am ganzen Körper machte sich bemerkbar. Endlich ließ sie sich gehen und sie hatten so schönen Sex wie seit langem nicht mehr. Nach dem Mittag gingen beide am Rhein spazieren und sahen viele junge Pärchen, die sich verliebt in den Armen lagen. Frank nahm sie bei der Hand und sie gingen schweigend nebenher. Es war keine peinliche Stille. Es war schön. Endlich hatten sie sich wieder ein Stück zusammengerauft. Pat war glücklich. Zu Hause angekommen, richtete sie das Abendessen für Lukas und Frank. Pat selbst aß nichts mehr, denn jede Woche auf die Waage steigen, war Pflicht im Fitness-Center, und Pat wollte nicht negativ auffallen. Sie zog ihren Diätplan unbeirrt durch.

Mitten in der Nacht klingelte das Telefon. Es war Carmen.

"Bitte, du musst mir helfen! Ich weiß nicht, wann er zurückkommt."

Pat hörte sie schreien, und im selben Moment war die Leitung unterbrochen. Pat wurde es übel und im selben Moment rannte sie so schnell sie konnte nach oben, um Frank zu wecken.

"Frank!", sie schüttelte ihn, "bitte, Carmen ist etwas passiert, wach auf! Wir müssen die Polizei benachrichtigen!" Sie war außer sich. Frank beruhigte Pat erst einmal.

"Du sagtest doch, dass Carmen des öfteren Schläge bekommt. Rege dich bitte nicht auf, vielleicht ist es nicht so schlimm, wie es sich angehört hat."

Pat sprang auf und rief die Polizei an. Nach einigen Minuten parkte ein Polizeiauto vor der Einfahrt. Pat rannte hinaus.

Als das Polizeiauto vor Carmens Haus angekommen war, stiegen die Beamten aus, um nachzusehen, was passiert sei. Pat wurde von dem Gedanken auf dem Rücksitz festgenagelt, dass Carmen nicht mehr lebt. Sie fühlte sich unwohl. Sie musste das Seitenfenster öffnen, um Luft zu bekommen. Nach einigen Minuten kam ein Polizist auf den Wagen zu.

"Wir haben eine weibliche Leiche in dem Haus gefunden. Wir verständigen jetzt die Mordkommission und möchten Sie bitten, vor Ort zu bleiben."

Pats schlechtes Gewissen ließ sie nicht mehr los:

'Ich hätte ihr helfen können. Sie hat sich mir anvertraut und ich habe es nicht ernst genug genommen. Ich hätte darauf bestehen müssen, dass sie bei mir wohnt. Sie hat SOS gesendet und ich habe es ignoriert. Warum sonst hat sie mir alles erzählt? Mein Gott, warum bin ich eigentlich so begriffsstutzig?'

Ihre Gedanken marterten sie.

Die Mordkommission war schnell zur Stelle. Wie in einem richtigen Krimi ging es dort zu. Nach einigen Minuten kam eine junge Frau auf Pat zu.

"Sie sind eine Verwandte?"

Sie schüttelte leicht ihren Kopf.

"Nein, nur eine Freundin", hörte Pat sich sagen.

"Hauptkommissarin Löser, ich muss Sie bitten die Leiche zu identifizieren; morgen früh in der Leichenhalle."

Gerade fuhr der Leichenwagen vor, und Pat dachte nur noch an ihre Familie. Sie wollte so schnell wie möglich nach Hause.

"Muss ich sie richtig sehen?", Pat war sehr aufgeregt, wie ein Schulkind vor einer Exkursion. So, als ob sie im Wald einem Bären begegnen würde.

"Nein, Ihnen werden Polaroid-Bilder vorgelegt und

anhand dieser Fotos müssen Sie eine Erklärung abgeben. Es ist nicht wie in einem Film. Heute brauchen die Angehörigen dem Toten nicht gegenüber zu treten, vor allem, wenn sie unkenntlich gemacht und verstümmelt wurden. Das kann und will man niemandem mehr antun. Wenn Sie sie aber sehen möchten...?"

"Oh, nein", erwiderte Pat, "ich möchte sie so in Erinnerung behalten, wie sie war. Warum identifiziert Carmens Mann sie nicht?"

Pat fühlte sich ziemlich bescheuert, mit ihrem Jogginganzug und den Hausschuhen. Sie bemerkte die belustigten Blicke der Kommissarin.

"Der ist abgängig. Solange können wir mit der Identifizierung nicht warten."

Sie drehte sich zu einem der Beamten um und gab ihm ein Zeichen, dass er Pat nach Hause fahren sollte. Als Pat in den Streifenwagen einsteigen wollte, rollte ein Taxi vor. Heraus sprang ein betrunkener Mann. Er gestikulierte stark, als er die Polizei sah. Zwei Beamte liefen auf ihn zu und legten ihm Handschellen an, da er sich resolut weigerte, in ein anderes Polizeiauto zu steigen. 'Das muss Bernd Hofstetter sein', dachte Pat. Er sah nicht schlecht aus. Sie konnte sich nicht vorstellen, dass er so brutal sein sollte. Aber warum sollte Pat an der Aussage von Carmen zweifeln?

Nein. Pat war sich sicher, Bernd hatte Carmen umgebracht!

***

ZWEI JAHRE SPÄTER

Hofstetter wurde nicht wegen Mordes an seiner Frau Carmen verurteilt. Sein Alibi war wasserdicht. Er saß trotzdem ein. Wegen Raubüberfalls und versuchter Vergewaltigung. Er müsste bald wieder auf freiem Fuß sein. Pat hatte Angst davor, denn ihre Aussage belastete ihn sehr, aber nicht genug, um ihn wegen Mordes einzusperren.

Frank hatte in den Jahren gelernt, mit Pat umzugehen. Sie waren ein Team. Pat war stolz auf sich. Sie hatte ihr Traumgewicht auch wieder erlangt. Seit zwei Jahren arbeitete Pat nun als Kriminalfotografin. Ihr Job war es, von Toten die letzten Bilder zu schießen. Sie arbeitete im Gerichtsmedizinischen Institut, um Mordspuren festzuhalten. Meistens war sie vor Ort. Es machte Pat nicht mehr viel aus, die Leichen von allen Seiten zu fotografieren. Es waren nur Fälle, die bearbeitet werden mussten. Sie war nicht abgebrüht, Pat erledigte nur einen Job.

Als sie neulich ein kleines Mädchen fotografieren sollte, hatte sie zu Hause in Franks Armen gelegen und geweint. Die Kleine sah wie ein Engel aus, wenn man die Würgemale am Hals und die Blutergüsse am Körper übersah. Es war ein zehnjähriges Mädchen mit blonden Locken. Sie hieß Viktoria. Ihre Mutter hatte sie "totgemacht", so wie sie sich ausgedrückt hatte. Das Mädchen war mit sieben Jahren in ein Heim gekommen. Nach drei Jahren im Heim meinte das Jugendamt, dass die Mutter fähig wäre, das Kind zu erziehen. Es war ein Trugschluss! Die Mutter war alkoholkrank und von ihrem Geliebten abhängig. Sie hatte das Mädchen erschlagen, weil es ihr im Weg stand. Sie lernte in den drei Jahren einen neuen Freund kennen. Der stellte sie immer wieder vor die Wahl: 'Entweder ich oder die Göre'. Schließlich war die Abhängigkeit zu groß und sie erschlug das Mädchen mit einer schweren Holzfigur. Ohne Reue trat sie ihre Gefängnisstrafe an. Die Abwehrverletzungen waren enorm. Pat war jedesmal geschockt, wenn ein Kind zu Tode kam.

Viele Paare geben ihren Kindern Namen, die sie auf dem schweren Lebensweg begleiten und Glück bringen sollen, aber Viktoria hatte mit ihrem Namen wohl kein Glück gehabt.

Am Abend stieg Pat in ihr Auto und wollte Lukas vom Sport abholen. Es war schon etwas später und das Abendrot färbte die Landschaft purpurfarben. Sie genoss den Anblick und für einen Augenblick vergaß sie ihre Arbeit. Lukas war ihr schon über den Kopf gewachsen und Pat sehr stolz auf ihn. Er spielte Basketball und sie waren Landesmeister der A-Jugend. Sein Trainer wollte ihn für ein Jahr nach Amerika schicken, um ihm dort in einer Sportschule den letzten Schliff zu geben. Pat stand dieser Sache sehr skeptisch gegenüber, aber noch war er ja hier, und das Thema wurde nicht wieder angesprochen. Frank stand voll und ganz hinter ihr. Er meinte nur, dass es dem Jungen überlassen werden sollte.
"Hi, Mama, ich möchte heute bei Christian übernachten. Hättest du was dagegen?", Lukas überrannte sie fast und sie musste sich am Auto festhalten.

"Nein, natürlich darfst du dort bleiben, Voraussetzung ist, dass Chrissis Eltern Bescheid wissen", Pat sah ihn fragend an. Seine Lockenpracht umrahmte sein knabenhaftes Gesicht. Er nickte freudestrahlend, gab ihr einen Kuss und verschwand mit Christian in der Sporthalle. Pat fuhr schnurstracks nach Hause, um jede freie Minute mit Frank zu verbringen. Wann hatten sie mal Zeit füreinander? Es sollte ein schöner Abend werden und Pat kaufte schnell noch ein paar Kleinigkeiten ein, um für Frank und sich einen kleinen Imbiss zu richten.

In den zwei Jahren, in denen Pat bei der Polizei arbeitete, ist Hauptkommissarin Sabine Löser ihr ans Herz gewachsen. Diese Frau beeindruckte immer wieder. Sie hatten eine tiefe Freundschaft entwickelt. Sie sahen sich oft nach Dienstschluss und dann unternahmen sie eine ganze Menge. Manchmal arbeiteten sie auch einige knifflige Fälle auf, an denen Sabine fast zu scheitern drohte. Es wurde nie langweilig und Pat und Sabine hatten viel Spaß.

Das Wochenende war super verlaufen. Frank und Pat sind im Theater und danach beim Chinesen gewesen. Es hätte noch einige Zeit so bleiben können, statt dessen saß Pat wieder in ihrer Dunkelkammer im Dienstgebäude und das Telefon wollte nicht aufhören zu klingeln.
"Geht mal ans Telefon!", schrie sie aus voller Kehle, denn um nichts auf der Welt konnte sie jetzt die Tür öffnen, "es sind wichtige Beweisaufnahmen, die ich gerade bearbeite."
"Ja, ich gehe schon", hörte sie Martin, den Prakti-

kanten rufen.

"Frau Bohlig, für Sie. Frau Löser möchte Sie unbedingt sprechen, wenn Sie hier fertig sind."

"Hat sie gesagt, worum es geht?", Pat schrie von der einen, und Martin von der anderen Seite der Tür.

"Ich glaube, Sie werden gebraucht. Es ist eine Leiche gefunden worden. Sie möchten sich beeilen, denn sonst muss Frau Löser schon vorfahren."

Pat packte die Sachen zusammen, hängte die Bilder zum Trocknen auf und verschwand.

"Hallo Pat, dachte schon, dass du überhaupt nicht mehr kommst."

Sabine sah Pat ernst an.

"Ich habe mich, so schnell ich konnte, von meiner Arbeit losgeeist. Meine Kamera musste ich auch noch holen", erwiderte sie.

"Na, ist schon gut. Die Tote läuft uns ja nicht mehr weg."

Über Sabines Humor konnte Pat nicht lachen. Im Wagen noch zog sie ihre Pumps und ihren Rock aus, denn dort, wo sie hingerufen wurden, wäre Pat nicht passend angezogen gewesen. Die alte Jeans und ein Paar feste Schuhe hatte sie immer dabei. Am Fundort angekommen, sah Pat, wie einige Kollegen das Gebiet weiträumig absperrten. Sabine ging vorne weg, um sich einen genaueren Überblick zu verschaffen.

"Guten Tag, Frau Bohlig", hörte Pat hinter sich eine Stimme. Sie drehte sich um und sah einen Mann ihres Alters auf sich zu kommen.

"Entschuldigung, kennen wir uns?", Pat sah ihn fragend an. In dem Moment kam Sabine zurück und sagte:

"Ach Pat, ich habe dir noch nicht unseren neuen Doktor vorgestellt. Das ist Dr. Eichler. Er wird für unseren Dr. Knoll ab heute die Leichen obduzieren. Dr. Knoll geht ab nächsten Monat in Pension und Dr. Eichler wird seinen Posten übernehmen. Ihr werdet jetzt öfter miteinander zu tun haben."

Pat muss ziemlich blöd ausgeschaut haben, denn wie auf Kommando fingen beide zu lachen an.

"Schön, Sie kennen zu lernen. Ich freue mich auf unsere Zusammenarbeit", hörte sie sich reden. Sie gaben sich die Hand und schon war er verschwunden. Er zog sich, während er ging, seine Arzthandschuhe über und beugte sich zu der Leiche hinab.

"Warum hast du mich nicht aufgeklärt?", Pat sah Sabine böse an.

"Ich kam mir vor wie eine Idiotin. Warum sagt mir niemand, dass Dr. Knoll uns verlässt?"

Sabine legte ihre Hand auf Pats Arm und redete auf sie ein.

"Ich habe es auch erst heute morgen erfahren. Sei nicht böse, aber es ist doch egal, wer die Leichen aufschneidet. Du musst doch nur Fotos machen."

Pat gab nach und lächelte sie an.

"Na los, lass uns arbeiten! Was ist mit ihr passiert?", dabei deutete sie mit einer Kopfbewegung in die Richtung, in der die Leiche lag.

"Wie es aussieht, ist sie erschlagen worden. Die Spurensicherung muss erst absichern und dann kannst du loslegen."

Die Leiche, es musste eine junge Frau gewesen sein, war mächtig zugerichtet. Ihr Kopf war eingeschlagen und das Gesicht vollkommen entstellt.

"Sie lag erst einen Tag dort", hörte Pat jemanden sprechen. Sie machte einige Bilder vom Fundort und von der Leiche. Details sollten später im Gerichtsmedizinischen Institut vorgenommen werden. Dort angekommen, ging die Arbeit weiter.

"Kommen Sie und machen Sie bitte einige Bilder vom Gesicht der Toten. Dann nehmen wir uns die Schlagwunden vor."

Dr. Eichler war in seinem Element. Er schnitt und sägte, entnahm den Mageninhalt und sprach leise auf sein Diktiergerät.

"Kopfschwarte teilweise durchlöchert. Der Schädelknochen liegt an mehreren Stellen frei..."

Pat sah den Schmutz unter den Fingernägeln der Leiche. Ihre Gedanken irrten dahin.

"Frau Bohlig, jetzt hätte ich gern Fotos der Hände und des Rumpfes."

Die Stimme brachte Pat schnell in die Gegenwart zurück. Sie arbeitete fieberhaft und nach einigen Stunden lagen die Bilder und der Bericht des Doktors auf Sabines Schreibtisch.

"Gute Bilder," lobte sie Pat, "wie war es mit dem neuen Doktor?"

Pat sah sie an und musste lachen.

"Was denkst du eigentlich, was ich den ganzen Tag mache? Ich habe Fotos gemacht und sonst habe ich mich nicht um unseren ehrenwerten Doktor gekümmert. Mir ist nur aufgefallen, dass er sehr konzentriert arbeitet. Komm, sei ehrlich, du bist doch scharf auf ihn. Falls ich etwas Wichtiges erfahre, wie zum Beispiel, ob er verheiratet ist oder so , dann werde ich es dich wissen lassen. Wird Zeit, dass du dir mal einen neuen Mann zulegst."

Sabine schaute Pat mit weit aufgerissenen Augen an und warf einen Bleistift nach ihr.

"Hör mal zu," lachte sie, "ich suche mir meine Männer alleine aus und außerdem ist unser 'ehrenwerter' Doktor geschieden."

"Hast dich ja schon gut informiert", sagte Pat leicht zynisch.

Sie lachten und neckten sich, bis es an der Tür klopfte.

"Herein!"

Sabine war mit einem Mal todernst und Pat musste ein Lachen unterdrücken. Herein trat Doktor Eichler.

"Entschuldigen Sie bitte, aber in meinem Bericht fehlt noch etwas. Wäre es möglich, ihn nochmals an mich zu nehmen, um einige Änderungen vorzunehmen?"

Er sah Sabine mit fragender, ja fast kindlicher Miene an.

"Aber natürlich, wenn ich ihn morgen früh auf meinem Schreibtisch liegen habe."

Sie gab ihm die Papiere und er ging aus dem Zimmer. Sie sahen sich an und prusteten zur gleichen Zeit los.

"Wen willst du liegen haben?... den Doktor oder den Bericht?", frotzelte Pat.

"Ziemlich eigenartig, unser Doktor, nicht wahr?"

Pat nickte und fing an sich ihren Rock und die Pumps überzustreifen. Das Glänzen von Sabines Augen verriet Pat, dass sie sich höchstwahrscheinlich verliebt hatte. Sie darauf anzusprechen wäre Zeitverschwendung, denn Gefühle zeigen war nicht gerade Sabines Stärke.

Pat freute sich auf zu Hause und auf ihre Familie. Lukas wartete schon und er begrüßte sie an der Haustür.

"Hallo Mama, Paps hat eine Überraschung für dich."
Er grinste Pat schadenfroh an. Sie roch es schon im Hausflur. Ihr Mann hatte versucht, etwas zum Abendessen zu richten. Pat sah Frank in der Küche stehen, umhüllt von Qualm. Unwillkürlich musste sie lachen. Er sah so hilflos aus.

"Das ist aber eine schöne Überraschung", sagte Pat und nahm ihm den qualmenden Topf aus der Hand. Er blickte sie mit seinem treuen Hundeblick an. Pat konnte nicht böse sein.

"Entschuldige, Schatz. Ich dachte, dass Kochen nicht so schwer sein kann", sagte er.

"Mach dir keine Gedanken. Ich weiß es zu schätzen, denn der Wille zählt. Wir können uns ja etwas vom Chinesen oder Griechen kommen lassen. Aufräumen werde ich morgen."

Sie umarmten sich und Pat merkte, wie sehr sie ihren Mann liebte.

Das Wochenende verging so schnell, wie es begonnen hatte. Pat saß schon wieder an ihrem Schreibtisch. Plötzlich wurde die Tür aufgerissen. Herein kam Sabine, völlig aufgelöst.

"Torsten und ich waren am Wochenende schön essen und dann im Kino. Mein Gott, das ist ein Mann!"

Sie tanzte um den Schreibtisch herum und summte ein Lied. Pat sah sie an, wie ein Kalb, wenn es donnert. Sabine lachte bei ihrem Anblick.

"Wer ist Torsten?", konnte Pat endlich fragen. Sie blieb abrupt stehen und starrte Pat an.

"Sag bloß, du weißt nicht, wie Dr. Eichler mit Vornamen heißt?"

"Nein, tut mir leid, denn mir hat er das 'Du' noch nicht angeboten!", sagte sie spitz.

"Entschuldige, ich bin etwas überdreht. Bitte sei nicht böse. Ich möchte dir so viel erzählen und ich weiß nicht, wo ich anfangen soll. Wir treffen uns doch zum Mittagessen?"

"Ja, natürlich. Ich werde, wie immer, unten vor dem Tor stehen."

"Es macht dir doch nichts aus, wenn Torsten uns begleitet?", fragte sie Pat.

"Ich denke, du möchtest mir etwas erzählen; aber wenn du meinst?! Nein, ich habe nichts dagegen, dann kann ich ihn auch etwas kennenlernen."

Sie nickte und verschwand.

Pat musste sich eingestehen, dass Sabine Geschmack bewiesen hatte. Torsten sah gut aus, und er wusste mit Worten umzugehen. Die Mittagspause war schnell vergangen. Torsten und Pat hatten denselben Weg.

"Ich habe den Bericht fertig. Ich musste noch einige Details ändern", sprach er ohne aufzusehen. Beide gingen in sein Büro und er gab ihr den Ordner.

"Sabine möchte ihn heute noch lesen. Wenn es Ihnen nichts ausmacht, möchte ich Sie bitten, den Bericht bei Sabine abzugeben."

Pat nickte und nahm den Ordner an sich. Sie konnte das Gefühl nicht verdrängen, dass Dr. Eichler etwas vor ihr zu verbergen versuchte.

Das Telefon läutete. Dr. Eichler nahm den Hörer und er sprach mit Sabine. Wie Pat heraushörte, musste eine zweite Leiche gefunden worden sein. Sie sah ein Aufflackern in seinen Augen, als er ihr mitteilte, dass sie sich beeilen sollten. Er war aufgekratzt und man bekam den Eindruck, dass er seinen Job liebte, so enthusiastisch gab er sich. Er fuhr mit Pat zum Fundort. Die Fahrt war rasant und Pat musste ab und an in Gedanken ein Gebet sprechen. Sie bemerkte zwei Kratzer an seinem Hals. 'Na, das musste ja eine heiße Nacht gewesen sein', dachte sie, 'hätte ich Sabine gar nicht zugetraut.'

Außer einigen Polizisten war noch niemand vor Ort. Sie gingen zum Opfer. Es war ein Mann, etwa sechzig Jahre alt. Sein Körper sah verdreht aus und etwas geronnenes Blut war an der Schläfe zu sehen. Nachdem Pat einige Fotos gemacht hatte, kam Sabine.

"Du bist schon hier? Ich habe doch gar nicht den Fundort bekannt gegeben", Sabine sah Pat fragend an.

"Du hast doch mit Dr. Eichler gesprochen. Ihm musst du den Ort gesagt haben, ansonsten wären wir doch nicht hier."

"Kann sein. In letzter Zeit bin ich schon mächtig vergesslich."

Sie schüttelte mit dem Kopf und ging zu Dr. Eichler.

Im Büro angekommen nahm Pat den Ordner, den Dr. Eichler für Sabine mitgegeben hatte, an sich. Sabines Büro war verschlossen, also nahm Pat den Ordner mit nach Hause. Abends blätterte sie etwas in den Akten herum. Plötzlich stellte sie fest, dass einige Aufnahmen, die sie gemacht hatte, einfach verschwunden waren. Auch im Bericht war kein Wort darüber geschrieben. Pat hatte die verschmutzte Hand des Mädchens fotografiert. Die Hand war zur Faust geballt und Dr. Eichler hatte im Institut die Hand geöffnet. Pat sah durch die Tür, dass er der Hand einige Schmutzteilchen entnahm. Es war aber im Bericht nicht die Rede von eventuellen Schmutzteilchen. Er hatte Beweise unterschlagen! Pat

lief zum Telefon und versuchte Sabine zu erreichen.
"Sabine...Hallo! Ich habe dir etwas Wichtiges zu sagen. Können wir uns nachher sehen?"
"Tut mir leid, aber Torsten holt mich nachher ab. Wir sehen uns doch morgen früh."
Pat merkte, dass sie abgewimmelt wurde.
"Nein, ich kann nicht bis morgen warten. Es geht um den Mord an dem jungen Mädchen. Dr. Eichler hat, glaube ich, Beweismaterial unterschlagen."
"Was redest du da für einen Unsinn", Sabine hörte sich böse an", warum sollte Torsten so etwas tun?"
"Ich weiß es nicht, aber mir ist aufgefallen, dass einige Bilder fehlen."
"Ich werde mich darum kümmern", sagte Sabine.
"Bitte rede noch nicht mit Dr. Eichler. Sieh dir erst die Akte an und hör mir zu, was ich zu sagen habe."
Pat hoffte, dass sie nichts ihrem Doktor erzählen würde.
"Ja, du kannst dich auf mich verlassen, aber deine Sorge ist unbegründet. Bis morgen."
Sie legte auf.
Pat war nicht klar, was sie mit ihrer Beschuldigung anrichten würde, aber wenn es an dem war, - nicht auszudenken, was Dr. Eichler alles vertuscht hatte.
Am nächsten Morgen hatte Pat frei. Sie versuchte über die Personalabteilung Näheres über Dr. Eichler zu erfahren. Wo hatte er zuletzt gearbeitet, wie lange hatte er dort gearbeitet, warum ist er fortgegangen und wie lebte er. Alles brisante Fragen, die in die Privatsphäre gingen. Pat hoffte, dass man ihr ohne Vorbehalte antworten würde. Frau Beyer war eine nette ältere Dame und die Chefin der Personalabteilung.
"Guten Tag, Frau Beyer, wie geht es Ihnen? Ich habe

eine Frage."

"Na Kindchen, was liegt Ihnen auf der Seele. Ich helfe doch gern."

Sie strahlte über das ganze Gesicht und sie sah niedlich aus mit ihren roten Wangen und ihren grauen Locken.

"Ich,... das heißt wir, möchten Herrn Dr. Eichler eine Geburtstagszeitung drucken. Wir haben aber ein Problem, denn Dr. Eichler ist ja erst seit kurzer Zeit bei uns und wir wissen fast nichts über ihn. Nun möchten wir Sie bitten, mal in seine Akte zu sehen, um uns etwas Auskunft über ihn zu geben. Natürlich nur, wenn Sie Ihre Kompetenzen nicht überschreiten."

Sie sah Pat an, lächelte, stand auf und ging an einen Wandschrank. Sie zog das Fach auf und gab ihr die Akte.

"Wissen Sie, für einen guten Zweck bin ich immer zu haben, aber sagen Sie niemandem etwas. Sie können sich dort an den Tisch setzen und sich Ihre Informationen herausschreiben."

Pat war überwältigt, so einfach kommt man also an persönliche Akten. Ihre einstudierten Texte und Lügen brauchte sie nun nicht mehr. Pat lächelte dankend und setzte sich an den Tisch. Es war, wie sie erwartet hatte. Eichler war nirgends länger als einige Jahre beschäftigt gewesen. Warum, stand dort nicht, nur dass er aus persönlichen Gründen seinen Arbeitsplatz wechselte. Pat schrieb sich die Adressen der vergangenen Arbeitsstätten Eichlers auf und bedankte sich bei Frau Beyer.

"Ich verlass mich auf Ihre Diskretion, Frau Beyer."

"Aber sicher, Hauptsache, ich bekomme die Zeitung auch mal zu sehen."

Pat versicherte ihr einen Einblick in die angebliche Geburtstagszeitung und ging. In der Stadtbibliothek begab sie sich gleich in die Abteilung, in der man in alten Zeitungen blättern kann. Es war alles nach Daten sortiert und sie konnte sich viele verschiedene Stadtanzeiger ansehen. Im Frankfurter Abendblatt vom 13.01.1993 wurde eine Leiche entdeckt. Pat blätterte weiter. Einige Tage später wurde ein junger Mann gefasst, der angebliche Mörder. Der Gerichtsmediziner, der den Fall bearbeitet hat, hieß EICHLER. Man hatte keine brauchbaren Beweise finden können, um jemanden dafür zu bestrafen. Es war ein ungeklärtes Verbrechen und wurde ad acta gelegt.

Auch in den anderen Zeitschriften waren zwei Fälle, die nicht aufgeklärt wurden. Der eine Fall war in Bochum am 26.3.96. Eine junge Frau lag getötet und entstellt auf den Bahngleisen. Es kam aber kein Zug, der sie überrollen konnte. Die Strecke war seit geraumer Zeit stillgelegt. Es muss ein Fremder gewesen sein, der die Leiche dort 'entsorgen' wollte, denn Einheimische wussten von der Stilllegung. Zur gleichen Zeit arbeitete Eichler in der Nähe. Dann war da noch der zweite Fall. Einem jungen Geschäftsmann, der unter einer Brücke sein Notdurft verrichtete, wurde von hinten die Kehle durchgeschnitten. Man ging damals von einem Raubmord aus. Dieser zweite Fall war in München. Auch damals, am 30.03.98, war Eichler in München tätig. Pats Verdacht verstärkte sich. Eichler hat etwas mit den Morden zu tun. Entweder ist er korrupt oder er war, was man nicht hoffen möchte, der Mörder!

Ihr Herz schien stehen zu bleiben. Sie machte sich Notizen und packte alles zusammen. Sabine konnte sie nicht viel sagen, denn wenn Pat ihre Vermutung äußerte, war Sabine in Lebensgefahr. Außerdem war sie total verliebt und sie würde ihr kein Wort glauben. Pat musste noch mehr Beweise sammeln. Zu Hause angekommen, wollte sie sofort mit Frank reden. Doch der war mit Lukas beim Training. Sie musste sich also noch bis zum Abend gedulden. In ihr wuchsen Angst, Ungeduld und Mitteilungsbedürfnis. Sie durfte aber keinen Fehler machen. Plötzlich riss das Klingeln des Telefons Pat aus ihren Gedanken. Sie fuhr zusammen. Ihr Herz schlug schnell und sie musste tief Luft holen, bevor sie den Hörer abhob.

"Hallo?", ihre Stimme hörte sich schwach an und sie räusperte sich erst einmal.

"Ja, hallo, ich bin es, Sabine. Du wolltest dich doch mit mir treffen, wegen einiger ungeklärter Sachen."

Pat merkte ihren Zynismus in der Stimme und versuchte, sich, so schnell es ging, aus der Affäre zu ziehen.

"Tut mir leid, ich muss mich vertan haben. Es wäre aber trotzdem nett, Torsten nichts von dem Missverständnis zu sagen."

"Warum? Es ist doch alles wieder im Lot. Wir werden uns noch köstlich über dich amüsieren."

Oh nein! Sie durfte auf keinen Fall Pats Verdacht äußern!

"Ich wäre dir sehr verbunden, wenn du nichts sagen würdest. Weißt du... ich schäme mich mächtig. Bitte nimm Rücksicht auf meine Gefühle. Ich könnte Dr. Eichler nicht mehr in die Augen sehen. Bitte...!", Pat fing an, etwas mehr Emotionen in ihre Stimme zu legen, "...ich würde im Erdboden versinken!"

"Ist ja schon gut. Du kannst auf mich zählen. Ich habe es schon vergessen. Weshalb telefonieren wir gerade??"

"Danke, ich wusste doch, dass ich auf dich zählen kann."

Pats Hoffnung ruhte nun auf Sabine. Ihr blieb nichts weiter übrig, als Sabine zu vertrauen...

Frank und Lukas kamen sehr spät nach Hause.

"Hallo Mama, wir waren noch schön essen und danach ist Papa mit Chrissi und mir in eine Nachtbar gegangen. Es war toll."

Pat bemerkte die Alkoholfahne im Atem ihres Sohnes.

"Schön, geh jetzt bitte in dein Zimmer, denn Sportler brauchen viel Schlaf."

Er ging ohne zu murren. Frank hatte es sich auf dem Sofa gemütlich gemacht und sie setzte sich neben ihn. Er war immer noch ein sehr schöner Mann. Sein graumeliertes Haar wirkte sehr edel und sein markantes Gesicht sprach Bände.

"Frank, ich muss mit dir reden."

"Ich weiß, ich hätte Lukas kein Bier geben sollen. Tut mir leid."

Er sah sie entschuldigend an.

"Nein, das mit Lukas ist schon o.k. Lieber unter Aufsicht trinken, als haltlos in der Clique. Ich habe ein anderes Problem."

Beide redeten die halbe Nacht und Frank war der Meinung, dass Pat zur Polizei gehen sollte. Sie war strikt dagegen, denn sie musste handfeste Beweise liefern. Warum handelte Torsten so? Vielleicht wurde er erpresst? Oder er kannte die oder den Mörder, und er wollte sie schützen? Sie konnte sich momentan keinen Reim darauf machen. Leider merkte Pat, dass es nicht einfach war, die Probleme in den Griff zu bekommen. Sie versuchte ihre Gedanken auf eine Linie zu bringen, denn nur mit geordneten Gedanken konnte man etwas erreichen. Sie wusste, dass Eichler vor einigen Jahren verheiratet war. Mit wem, das musste Pat erst herausbekommen. Bei seinem Wohnungswechsel war das nicht einfach.

* * *

Das Haus muss einmal sehr schön ausgesehen haben. Es war eine Villa mit kleinen Balkonfenstern. Die Farbe konnte man nur vermuten. Es konnte ein Hellblau oder Türkis gewesen sein. Die vor Jahren angelegte Blumenrabatte war auch in letzter Zeit sehr stiefmütterlich behandelt worden. Es waren drei Klingelschilder neben der Eingangstür. Auf einem Schild stand mit sehr kleinen Buchstaben, so als ob sie nicht gelesen werden sollten, EICHLER. Pat hatte die Adresse von einem Kollegen aus der Einwohnermeldestelle.

'Es ist eben doch ganz günstig, gute Bekannte in wichtigen Ämtern zu haben.' Pat betete sich in Gedanken ihren einstudierten Text vor. Erst dann drückte sie ihren Finger auf den Klingelknopf. Es dauerte eine Weile und Pat wollte gerade gehen, als die Wechselsprechanlage knisternd und ächzend eine Frauenstimme preisgab.

"Ja, bitte?", Pat beugte sich, so nah sie konnte, an das Mikrofon, damit sie auch gut verstanden würde.

"Guten Tag, mein Name ist Patricia Bohlig", sie legte sehr viel Charme in ihre Stimme, "Kripo Düsseldorf, ich hätte Sie gern einmal gesprochen, wenn es Ihnen nicht allzuviel Umstände bereitet. Es geht um eine Mordsache."

Pat hörte ein kurzes Atmen und sofort surrte der Türöffner. Vor ihr stand eine sehr gut aussehende junge Frau. Ihr blondes Haar fiel gelockt auf ihre schmalen Schultern. Sie sah zerbrechlich aus, so verschreckt wie sie Pat ansah.

"Es ist nett von Ihnen, mich zu empfangen", sagte Pat und gab ihr die Hand, "Sie sind doch Frau Gabriele Eichler?"

Sie lächelte Pat an und nickte.

"Kommen Sie doch bitte herein. Ich kann mir gar nicht vorstellen, was ich mit einem Mord zu tun haben soll, aber irgendwie hat man immer ein ungutes Gefühl im Bauch, wenn man mit der Polizei zu tun hat."

Sie führte Pat in einen Raum, der sehr abstrakt wirkte. Es hingen die unterschiedlichsten Bilder an den Wänden und die Möbel sahen aus wie zusammen getragen.

'Aus jedem Dorf einen Hund', würde Frank jetzt sagen, dachte Pat.

"Bitte, entschuldigen Sie diese Unordnung, aber ich bin noch bei den Vorbereitungen für meinen Umzug nächste Woche. Sie haben Glück, mich hier angetroffen zu haben."

Sie legte verlegen ein Tuch über einige kleine Sachen.

"Womit kann ich Ihnen behilflich sein?", ihre Stimme klang hell und freundlich. Sie schaute Pat mit ihren blauen Augen fragend an.

Leider wusste Pat nicht, wie sie anfangen sollte, denn sie ahnte nicht, in welchem Verhältnis Frau Eichler zu ihrem geschiedenen Mann stand. Es war ein Probe aufs

Exempel.

"Sie sind mit Herrn Doktor Eichler verheiratet gewesen?", fing Pat an und beobachtete sie genau.

Frau Eichler nickte.

"Was hat das mit Ihrem Fall zu tun?"

"Ich komme gleich zu den Einzelheiten, aber vorher möchte ich Sie bitten, mir einige Fragen zu beantworten."

Pat erschrak vor sich selbst.

"Wie ist Ihr Verhältnis zu Dr. Eichler?"

Sie drehte ihre Augen etwas gelangweilt und verzog dabei leicht ihren Mund.

"Erinnern Sie mich bitte nicht an diese Sache. Es war der größte Fehler in meinem Leben. Er hat uns in den Ruin gestürzt. Was glauben Sie denn, warum ich hier ausziehe? Es war einmal mein Haus", sie drehte sich zum Fenster und schaute hinaus, "er hat alles im Casino verspielt."

Den letzten Satz flüsterte sie, aber sogleich drehte sie sich um. Sie musste sich wieder gefasst haben.

"Ich brauche jetzt einen Kaffee, möchten Sie auch einen?"

Pat stand immer noch vor der mit Sachen und Kleinkram überladenen Couch. Lächelnd sahen sie sich an und Pat nickte. Sogleich war Frau Eichler verschwunden.

"Es dauert nur einen Augenblick, denn die Küche ist der einzige Ort, wo ich mich noch frei bewegen kann", hörte Pat sie aus der Ferne rufen. In der Zwischenzeit sah sich Pat ein wenig um. Es lehnten einige Kohlezeichnungen in der Ecke. Daneben stand eine Staffelei. Sie wird wohl Malerin sein, dachte Pat. Die Ölgemälde an den Wänden konnte Pat keinem bekannten Maler zuordnen. Frau Eichler muss sie gemalt haben. Einige Sekunden stand Pat vor einem Bild. Es sah sehr bunt aus. Es ging in die Richtung 'naive Malerei'. Es vermittelte Freude und die vielen Blumen und Vögel faszinierten sie.

"Eines meiner letzten Werke. Gefällt es Ihnen?"

Pats Gedanken hatten sich in dem Bild verloren und sie erschrak.

"Es tut mir leid, Sie erschreckt zu haben."

"Ist schon in Ordnung. Ich bin nur begeistert von der Wirkung dieses Bildes. Es lässt einen alles für einen Augenblick vergessen."

Gabriele Eichler schob die Sachen von der Couch und bat Pat, Platz zu nehmen.

"Die Bilder waren damals meine einzige Hilfe. Ich musste dieser Ehehölle entfliehen, und das gelang mir beim Malen dieser Bilder."

Sie sah Pat erwartungsvoll an, so, als ob sie von ihr eine Beurteilung oder Beistand erwartete.

"Warum haben Sie das Haus verkauft?", hörte Pat sich fragen, nur um auf ein anderes Thema zu gelangen.

"Ich sagte doch schon, dass er alles verspielt hat. Warum wollen Sie das alles wissen? Was hat Torsten damit zu tun, dass Sie wegen eines Mordfalls ermitteln?"

Ihre Blicke trafen sich und Pat wusste, dass sie keinen Fehler machen durfte.

"Kann ich Ihnen vertrauen?", fragte Pat spontan. 'Warum um den heißen Brei herumreden. Entweder ich bekomme meine Antworten oder nicht', dachte Pat. Frau Eichler saß mit verschränkten Armen vor Pat. Ein Zeichen der Abwehr, doch Pat deutete es als Unsicherheit.

"Ja, natürlich. Wenn es um Torsten geht, bin ich immer auf Ihrer Seite."

Pat hatte endlich ihr Ziel erreicht. Vielleicht fand sie in ihr eine Verbündete. Pats Recherchen schockten sie nicht im geringsten. Pat wurde das Gefühl nicht los, dass Frau Eichler mehr wusste als sie zugab.

Als Pat mit ihrer Geschichte geendet hatte, schaute Frau Eichler sie an. Nach einer Weile fing Frau Eichler an zu erzählen:

"Wir mussten sehr oft unseren Wohnort wechseln. Ich weiß nicht warum, nur einmal, das war 1993. Wir wohnten in Frankfurt. Er arbeitete im Gerichtsmedizinischen Institut...", sie holte tief Luft, um ihre Fassung zu bewahren, "...er ist damals, ich glaube im Januar, sehr zerstreut nach Hause gekommen. Torsten hatte auf dem Seziertisch einen seiner Freunde liegen. Ich persönlich kannte ihn nicht. Torsten ist oft abends unterwegs gewesen und da hat er dann und wann so einige Leute kennengelernt. Es muss ein sehr guter Freund gewesen sein, denn Torsten hat sofort gekündigt und ist mit mir ..."

"Nach Bochum gezogen", nahm Pat ihr das Wort ab.

"Ja, woher wissen ..., ach so, Sie haben schon nach allen Seiten ermittelt?", sie schaute gespannt auf Pat.

"Jein. So richtig eben doch noch nicht, deswegen bin ich hier. Ich brauche Ihre Unterstützung."

"Ja, sicher, was möchten Sie noch von mir wissen? Ich würde alles tun, um den Kerl zu bestrafen", ihre Stimme war geschwängert von Hass und Abscheu.

Pat machte sich diese Situation zunutze.

"Sind Sie damals auch wegen ähnlicher Vorkommnisse von Bochum nach München gezogen?"

"Ich sagte doch schon, dass ich nur einmal einen Grund dafür wahrnahm. Danach kam er immer nur damit, dass er ein besseres Angebot bekommen hätte. Er war besessen von seinem Beruf."

Sie saßen sich einige Minuten still gegenüber. Beide machten sich ihre eigenen Gedanken. Bis auf einmal Frau Eichler sich aufsetzte und sagte:

"Ich glaube, ich kenne den Mann, der damals auf Torstens Seziertisch lag. Er hieß, glaube ich, Jänicke, Günter Jänicke. Von ihm hat Thomas einige Male gesprochen. Er war Geschäftsmann und sehr reich. Sie haben sich im Casino kennengelernt. Torsten hat auch einige Male sehr viel Geld gehabt. Ich machte mir keine Sorgen deswegen, denn ich war auch vermögend und mir war es eigentlich egal, was Torsten mit seinem Geld machte. Das war einmal. Heute bin ich auf jeden Pfennig angewiesen."

Pat hörte Wehmut in ihrer Stimme.

"Tut mir leid, aber das ändert nichts an der Tatsache, dass Torsten Eichler eventuell eine Straftat begangen hat."

"Ja. Er hatte damals eine reiche kleine Freundin..., in Bochum, 1996. Gott sei Dank ging die Beziehung auseinander."

"Hieß sie etwa Gräfin von Fitschen?"

"Ja, woher wissen Sie...?", sie sah Pat erschrocken an.

"Die Gräfin wurde damals getötet. Es blieb ein ungeklärter Fall."

Ihre Augen drohten aus den Augenhöhlen zu fallen:

"War das im März oder April?"

"Ja, genauer gesagt am 29.3.96."

"Genau zu diesem Zeitpunkt wollte er unbedingt nach

München, weil dort, angeblich, ein ehemaliger Studienkollege arbeitete. Ich fand alles ein bisschen überraschend, aber immerhin war ich froh, von der Gräfin wegzugehen. Damals wusste ich nicht, dass sie tot war. Jetzt kann ich mir so manches erklären."
"Was können Sie sich erklären?", Pat sah sie herausfordernd an.
"Na ja, eben seine neue Liebe zu mir. Er war, kurz nachdem ich die Beziehung zu Frau Gräfin erkannt hatte, sehr lieb zu mir, und er wollte sofort umziehen, um uns eine neue Chance zu geben. Er beteuerte mir immer wieder seine Liebe, aber ich konnte ihm eigentlich nicht lange böse sein. Ich liebte ihn eben!"
"Sie sind dreimal umgezogen?"
"Ja, Frankfurt, Bochum, München und nun wohnt er allein in Düsseldorf."
Sie sah Pat an und lächelte.
"Er hat mein Haus verspielt. Ihm ist nicht mehr zu helfen. Wir haben es mit einigen Therapien versucht, aber er ist immer wieder rückfällig geworden. Ich dumme Gans habe noch eine Bürgschaft unterschrieben. Nun ist mein Haus weg und meine Ersparnisse sind aufgebraucht. Ich kann Ihnen nur soviel sagen, dass er mich ruiniert hat. Zu den Verdächtigungen auf Beweismittelvernichtung kann ich keine Angaben machen. Mir hat er nicht viel von seiner Arbeit erzählt. Zutrauen würde ich ihm alles. Wenn genug Geld dabei heraus springt."
Jetzt wusste Pat soviel, um ihr Bild zu vervollständigen. Sie erhob sich langsam, um sich zu verabschieden.
"Ich möchte mich recht herzlich bedanken. Sie haben

mir sehr geholfen. Um eines möchte ich Sie noch bitten: 'Ich war nicht hier'!"

Sie sah Pat fragend an.

"Warum? Meiner Meinung nach sind Sie doch im Auftrag der Kripo Düsseldorf unterwegs?"

Pat wurde etwas in die Enge getrieben. Sie wusste nicht, was sie antworten sollte.

"Ja, eigentlich schon..., aber Sie wissen doch, dass manche Dinge eben ohne Auftrag erledigt werden. Der Amtsschimmel läuft zu langsam. Ich werde Sie auf dem Laufenden halten."

Frau Eichler schaute einige Sekunden so, als ob sie nicht verstanden hätte, doch dann fing sie an zu lächeln und gab Pat freudig die Hand.

"Aber bitte, machen Sie sich keine Sorgen. Ich werde schweigen und mich daran ergötzen, was mit Torsten passiert."

Sie lachte. Es hörte sich sehr aufgesetzt an. Pat war es egal, denn sie hatte ihre Informationen.

"Ich danke für die Diskretion. Ich melde mich bei Ihnen, sobald ich Genaueres sagen kann."

Die Frauen verabschiedeten sich und Pat stieg in ihr Auto. Die Rückfahrt dauerte nicht so lange und sie war pünktlich in Düsseldorf.

Sabine wartete schon.

"Wo warst du denn den ganzen Tag?", empfing sie Pat gleich.

"Entschuldige, ich habe heute frei. Ich bin ein wenig bummeln gewesen. Was gibt es denn so Wichtiges?"

"Ja, wir haben einen Mann festgenommen, der seine Frau umgebracht hat. Er hat seine Frau vor drei Monaten als vermisst gemeldet. Nun haben wir in seinem Schweinestall die Leiche gefunden. Es ist keine Todeszeit feststellbar, denn der Kerl hat sie in Chlorkalk gelegt. Chlorkalk verhindert die Fäulnis der Leiche, denn Chlorkalk zerstört die Leichenflora. Ohne Leichenflora keine Fäulnis und ohne Fäulnis keine Todeszeit."

Es störte Pat, dass sie mit ihr sprach wie mit einem Kind.

"Woher hast du denn deine Weisheit? Sonst hattest du doch auch keine Ahnung von Leichen und ihren Toden!", erwiderte Pat gereizt.

"Torsten hat mich unterrichtet. Es ist erstaunlich, was Menschen anstellen, um ihre Schuld zu verbergen. Es gibt tausend Tode."

Sabine war total begeistert von ihrem neu errungenen Wissen.

"Ja, ja. Es ist erstaunlich, mit welchen Mitteln gearbeitet wird", antwortete Pat etwas ironisch.

Sie zog ihren Mantel aus, um sich einen Kaffee zu kochen.

"Möchtest du auch einen?", fragte sie gelangweilt.

"Nein. Torsten holt mich gleich ab. Wir wollen uns einen tollen Abend machen."

"Na dann viel Spaß."

Sabine zog sich ihren Mantel über und verschwand.

Pat wusste nun, dass sie freie Bahn hatte. Torsten war auch nicht mehr da und sie konnte ungetrübt ihrem Instinkt nachgehen. Zuerst ging sie ins Leichenschauhaus. Der Pförtner beachtete Pat nicht, so dass sie sich ungestört Einlass verschaffte. Sie musste unbedingt die kleinen Tütchen mit den Beweisen finden, dachte Pat. Sie hatte sie fotografiert, also müssten sie auch dort sein. Leider waren die Beweise und die Fotos verschwunden. Auf ihren Fotos waren Tütchen mit hellblauem Rand gewesen. Zur Beweisaufnahme lagen nur Tütchen mit orangefarbenen Streifen bereit. Wo um Himmels Willen waren die blauen Tütchen? Sie war doch dabei gewesen, als Dr. Eichler die Fingernägel gereinigt hatte. Er hatte sie in blaue Beweistütchen, für das Labor zur Analyse, gesteckt. Pats Gedanken fuhren Achterbahn. Kein klarer Gedanke kam zustande.

Sie durchsuchte sämtliche Kühlfächer, Abfalleimer und sonstige Nischen und Verstecke. Natürlich nicht die, wo Leichen lagen, denn das wollte sie sich nun auch nicht mehr antun. Die Abfalleimer waren ihre letzte Rettung. Wenn nicht hier, wo sonst. Sie bückte sich und kramte in dem ersten Eimer herum. Nur Tupfer und Unrat konnte sie entdecken. Pat dachte an die Reinigungskräfte. 'Aber die kommen erst nach Mitternacht.' Sie hatte genug Zeit, sich alle Abfalleimer vorzunehmen. Der letzte Eimer, hinter dem Kühlschrank, war auch leer.

Resignierend lehnte Pat sich an den Kühlschrank. Ihre Hoffnung war dahin. Es war auch schon zwei Tage her. Die Tütchen wird er entsorgt haben..., oder? Blitzartig fiel es ihr ein. Er hatte sie im Kühlschrank versteckt! Wo sonst? Sie öffnete die Tür und dort lagen sie, sorgfältig in Zellstoff eingepackt. Gerade als Pat sie nehmen wollte...

"Was tun Sie hier?", die barsche Männerstimme riss Pat brutal in die Gegenwart zurück. Sie erschrak und im selben Moment stand Dr. Eichler vor ihr.

"Oh Gott, Dr. Eichler. Wie können Sie mich so erschrecken!"

Sie überlegte angespannt, was sie sagen sollte:
"Mein Film ist mir, glaube ich, hier abhanden gekommen. Ich habe ihn seit gestern vermisst. Ich denke, dass ich ihn mit meiner Leerbox in den Eimer geworfen habe."
Ihr Herz raste. Sie lächelte gequält.
"Das ist unwahrscheinlich. Jede Nacht werden die Abfallbehälter geleert."
Er sah sehr argwöhnisch auf Pat herab. Er musste nicht mitbekommen haben, dass Pat eigentlich an den Kühlschrank wollte. Pat glaubte, kurz vor einem Herzanfall zu stehen.
"Ach..., jede Nacht? Das ist mir entfallen. Ich habe gehofft, dass es nicht an dem ist, denn ich brauche den Film. Wenn Sie das sagen... Sie werden es genau wissen. Es tut mir leid. Ich bin schon verschwunden."
Sie schlängelte sich so gut sie konnte an ihm vorbei. Als sie glaubte den Ausgang erreicht zu haben, hörte sie ihn dicht hinter sich flüstern:
"Lassen Sie es sich nicht noch einmal einfallen, ohne mein Wissen hier herumzuschnüffeln."
Pat drehte sich um und ihre Augen trafen sich. Er sah sie mit einem Blick an, der einem das Herz im Leib gefrieren ließ. Als ob eine fremde Macht Besitz von ihm genommen hatte. Pat wurde es eiskalt und sie spürte einen kühlen Luftzug. Wenn Sabine ihn so sehen würde!
"Aber nein. Ich entschuldige mich nochmals bei Ihnen und es wird nicht noch einmal vorkommen. Sie müssen wissen..., es sind eigentlich Privatfotos, die ich mit der Kamera gemacht habe. Ich hatte nur Bedenken, dass jemand den Film findet und mich zur Rechenschaft zieht. Es ist verboten, die Geräte für eigene Zwecke zu

benutzen, wie Sie sicherlich wissen."

Sie war froh, dass ihr so ein plausibler Schwachsinn einfiel. Sein Gesicht erhellte sich und er gab ihr sehr höflich und galant seine Hand.

"Aber natürlich verstehe ich Ihre Bedenken. Von mir erfährt niemand etwas. Wir sitzen doch alle im selben Boot", sprach er und schob sie aus der Tür.

'Ich muss die Zellstoffbahnen nebst Inhalt noch vor Mitternacht an mich nehmen', dachte Pat, 'ansonsten sind meine Beweise dahin.'

"Na endlich, wo steckst du denn?", Sabine hörte sich sehr gereizt an.

"Hallo Sabine, ich bin es, Pat."

Pat bemerkte, dass Sabine nicht auf ihren Anruf gewartet hatte.

"Entschuldige, ich warte nun schon seit einer Stunde auf Torsten und er kommt mal wieder nicht von seinen Leichen los!", Sabine war sauer.

"Ich habe ihn gerade getroffen. Er wird gleich bei dir sein. Könnten wir uns morgen einmal sehen? Hast du Zeit?", Pat zwang sich ruhig zu bleiben.

"Was ist los? Du hörst dich nicht gut an." Ihr kriminalistisches Wissen enttarnte Pat.

"Ja, ich habe ein kleines Problem. Nicht der Rede wert. Ich möchte nur gern, dass du es dir einmal anhörst."

"Aber sicher. Morgen gegen Zehn?"

"Ja, einverstanden."

Sie verabschiedeten sich und Pat bereute es, Sabine angerufen zu haben. Ich muss eine Nacht darüber schlafen. Dann werde ich entscheiden, dachte Pat.

Zuerst wollte sie die Tütchen aus dem Labor holen. Sie wartete noch eine halbe Stunde. Dr. Eichler war schon vor eine Weile gegangen. Sie schlich sich in die Obduktionsräume und sah die Leute der Reinigungsfirma schon. Sie waren emsig dabei, alles zu reinigen. Sie ging schnell in die Ecke, in der der Kühlschrank stand.

Pat zog vergebens an der Tür. Oh Gott! Er war verschlossen!.

"Entschuldigen Sie bitte!", rief sie einem jungen Mann zu, der sich in ihrer Nähe aufhielt, "wissen Sie, wo der Schlüssel ist? Ich habe dort versehentlich etwas Wichtiges hinein getan. Ich muss es wieder haben."

Er blickte kurz auf und schüttelte seinen Kopf.

"Dr. Eichler ist bis eben noch hier gewesen. Er wird den Schlüssel bei sich haben."

Verzweifelt sah Pat sich um. 'Wie komme ich an die Beweise?', dachte sie. Als die Reinigungsfirma den Raum verlassen hatte, suchte sie angestrengt nach einem Draht oder etwas Ähnlichem. Sie hatte es einmal in einem Film gesehen. Zu ihrem Glück fand sie einen Draht. Sie bog die Spitze etwas krumm und bohrte absolut laienhaft in dem Schloss herum. Was sie tat, wusste sie selbst nicht so genau. Plötzlich knackte es kurz im Schloss und die Tür war offen. Die Zellstoffbahnen lagen unverändert im Kühlschrank. Ungeduldig stopfte sie sich die Zellstoffbahnen in ihre Tasche.

Die Tütchen legte sie zu Hause in ihren Kühlschrank ins Tiefkühlfach, neben die Kühlakkus. Ihr war nicht sonderlich wohl zumute bei dem Gedanken. Es waren ja eigentlich Leichenteile.

Pats Schlaf verlief sehr unruhig. Sie stand früh auf und war sich nicht schlüssig, ob sie sich Sabine anvertrauen sollte. Ihr Bauch sagte nein, aber ihr Verstand sagte ihr das Gegenteil. Pat beeilte sich, um vor Sabine im Büro zu sein, aber Sabine war schon dort.

"Guten Morgen. Na, was gibt es denn so Wichtiges?", fragte Sabine.

Pat entschied sich kurz entschlossen für eine Lüge. Die Wahrheit würde sie ihr nicht glauben.

"Du erinnerst dich doch an meine damalige Freundin, Carmen Hofstetter?"

Sabine nickte.

"Na ja..., nun kommt ihr Mann bald aus dem Gefängnis. Ich habe ihn damals sehr belastet. Kannst du mir sagen, wann genau er das Gefängnis verlässt? Ich habe etwas Angst davor."

Sie sah Pat erstaunt an.

"Mach dir doch darüber keine Gedanken. Er wird dir nichts antun, denn dafür wäre das Risiko zu groß und außerdem ist er nicht wegen deiner Aussage in den Knast gekommen, sondern wegen ganz anderer Delikte. Ich glaube, er denkt noch nicht mal an dich."

"Das sagst du so einfach, aber vielleicht hast du recht."

Sabine fragte nicht weiter nach und Pat war froh, das Thema zu wechseln zu können.

"Wie war denn dein Abend? Ist Torsten noch pünktlich zu eurer Verabredung gekommen?"

Sabines braune Augen und ihr kurzer Haarschnitt, gaben ihr das Aussehen einer Zwanzigjährigen. Sie sah sehr rassig aus. Ihr Opa war Halbmexikaner. Aber heute wirkte sie etwas abgeschlafft. Sie antwortete nur mit einem Nicken auf Pats Frage.

"Du siehst etwas fertig aus, hast du Probleme?"

"Es ist nichts. Mir geht es gut", sie sah Pat nicht an.

Das war immer ein sicheres Zeichen, dass sie log.

"Komm..., ich weiß es. Du kannst mir keine heile Welt vorgaukeln."

"Ja, o.k.! Ich habe mich gestern mit Torsten gestritten. Es ging um Geld."

Na also, war ja zu erwarten, dass er Sabine irgendwann um Geld anpumpen würde.

"Wieso habt ihr um Geld gestritten? Ich denke, dass er sehr gut verdient!?"

Sabine holte tief Luft.

"Torsten erzählte mir etwas von einem super Geschäft, welches er in Aussicht hat. Es geht um Aktien. Ich sollte ihm 10.000,- DM leihen, damit er die Aktien billig kaufen kann, um sie dann für viel Geld weiter zu verkaufen. Ich habe sehr lange sparen müssen und ich halte auch nicht viel von solchen 'Geschäften'. Jetzt bin ich mir nicht mehr so sicher. Vielleicht hätte ich nachgeben sollen."

"Nein!", schrie Pat, "du wirst ihm keinen Pfennig geben! Vielleicht gaukelt er dir ja auch nur etwas vor, vielleicht ist er spielsüchtig!"

Nun war es doch herausgeplatzt.

Sabine sah Pat entsetzt an.

"Was denkst du dir? Torsten ist nicht spielsüchtig. Ich finde es unfair, wie du über Torsten urteilst! Und was ich mit meinem Geld mache, überlässt du bitte immer noch mir!"

Sie stand zornig auf und ging in die Teeküche.

Pat hatte ein schlechtes Gewissen. Sie fuhr nach

Hause.
Zu Hause angekommen, rief sie sogleich Dr. Knoll an. Er müsste ihr helfen können.

"Guten Tag, Dr. Knoll. Hier ist Patricia Bohlig."
"Ah..., guten Tag, Patricia. Wie komme ich zu der Ehre?"
Sie räusperte sich, um ihrer Stimme einen festen Ton zu geben.
"Ich hätte gern etwas von Ihrer Zeit in Anspruch genommen, wenn es möglich wäre..."
"Aber sicher, ich habe jetzt alle Zeit der Welt und ich dachte immer, dass ich ohne meine Arbeit nicht leben könnte. Wie kann ich Ihnen helfen?"
"Das kann ich so auf die Schnelle nicht sagen. Es wäre schön, wenn wir uns treffen könnten. Passt es Ihnen heute Nachmittag? Es eilt sehr."
Pats Herz klopfte und sie hoffte auf des Doktors Hilfe. Sie hatten sich immer sehr gut verstanden. Er war ein sehr ruhiger und gerechter Mann, eine Art Vaterfigur für Pat.
"Aber ja, wir können uns ja in dem Café treffen, das erst seit kurzer Zeit geöffnet hat. Sie wissen doch, vor dem Gerichtsgebäude...?"
"Ja, ich freue mich. So gegen vier?"
Die Kratzspuren an Dr. Eichlers Hals machten Pat einige Bedenken. Sie hatte Sabine davon erzählt und sie sagte, dass sie es nicht war, aber er habe eine Katze zu Hause. Ein süßes Ding, nur ab und zu kratzt sie auch.
Pat hatte Sabine ihre Vermutung natürlich nicht auf die Nase gebunden. Sie hätte falsche Schlüsse gezogen. Es blieb bei der Katze.

Das Auto streikte mal wieder und Pat bekam schlechte Laune. Dr. Knoll wartete bereits auf sie. Pat kam über eine halbe Stunde zu spät.

"Es tut mir leid, aber mein Auto..."

"Kein Grund sich aufzuregen."

Der Doktor saß gelassen an einem kleinen Ecktisch und strahlte Pat an.

"Ich fühle mich äußerst wohl hier. Sie können sich gar nicht vorstellen, was manche Leute so alles im Café tun. Die junge Frau dort drüben hat gerade ihrem Mann erzählt, dass sie sich scheiden lassen will und die Oma dort in der Ecke..."

"Entschuldigung...", Pat übernahm ungeduldig das Wort, "wir sind doch nicht hier, um uns über fremde Leute zu unterhalten. Ich habe eine viel spannendere Geschichte."

Er sah sie mit seinem pausbäckigen Gesicht fragend an. Sein weißes Haar und der weiße Schnauzbart erinnerten Pat immer an den Opa aus der Fernsehserie 'Die Waltons'. So einen Opa hatte sie sich damals immer gewünscht.

"Na, dann mal los. Es muss etwas sehr Spannendes sein, dass Sie sich von nichts und niemandem ablenken lassen."

Pat begann damit, wie alles anfing. Sie erklärte ihren Verdacht und das Dr. Eichler Beweismaterial unterschlagen hatte.

"Leider konnte ich bis zu dem Zeitpunkt keine Beweise liefern, doch gestern Nacht habe ich die Beweise gefunden. Sie lagen im Kühlschrank."

"Was für Beweise?", der Doc sah sie mit gespannter Mimik an.

"Die Tütchen, die damals in den Bericht mit aufgenommen wurden und von mir fotografiert worden sind. Nachdem der Doktor seinem Bericht noch den letzten Schliff gegeben hatte, waren meine Fotos sowie die Tütchen verschwunden. Erst das ließ mich stutzig werden. Warum macht er so etwas?"

Dr. Knoll schüttelte seinen Kopf. Gedankenverloren spielte er mit dem Deckchen, das unter der Eiskarte lag.

"Sie wissen genau, dass er schon mehrere Arbeitsstellen hatte und dass dort einige ungeklärte Todesfälle zu verzeichnen waren?", fragte er.

"Aber ja, ich sagte es doch schon. Ich habe mich nach fast allen Seiten umgehört. Er hat seine Frau ruiniert, er ist Spieler. Nun hat er von Sabine Geld gefordert: 10.000,- DM!"

"Wie kann ich Ihnen jetzt helfen?", er holte tief Luft.

Pat ignorierte seine Frage.

"Die Tütchen mit den Haut- und Schmutzteilchen... ja, also, die habe ich in meinem Gefrierfach. Ich möchte Sie bitten, sie zu analysieren."

Der Doktor blickte ernst. Er schwieg eine ganze Weile. Plötzlich sagte er:

"Wie stellen Sie sich das denn vor? Ich arbeite nicht mehr, denn ich gehe nächsten Monat in mein wohlverdientes Rentendasein. Dr. Eichler wird mich kaum in das Labor lassen."

"Das denke ich nicht. Er wird sich freuen, Sie wieder zu sehen. Sagen Sie ihm doch einfach, dass Ihnen der Abschied schwer fällt oder so etwas. Er kann und wird Sie nicht rausschmeißen."

"Kann sein, aber was soll ich ihm sagen, wenn ich etwas analysieren will?"

Das hatte Pat noch nicht überlegt. Ihre Gedanken kreisten. Sie war am Ende ihres Lateins.

"Ja, damit habe ich mich noch nicht beschäftigt. Kennen Sie keinen Kollegen aus einem anderen Institut? Vielleicht wird man uns dort weiterhelfen."

Pats Hoffnung fing wieder an zu wachsen.

"Ja." Dr. Knoll machte eine nachdenkliche Miene.

"Ich kenne mehrere Kollegen. Wir müssten die Proben dorthin schicken. Es wird aber eine Weile in Anspruch nehmen. Was wollen Sie denn dadurch herausfinden?"

Leider wusste Pat das auch nicht so genau.

"Vielleicht ist er doch der Mörder", platzte es aus ihr heraus. Der Doktor sah sehr erschreckt auf.

"Wollen Sie wirklich behaupten, dass Dr. Eichler ein Mörder ist? Dass er Spieler ist, kann ich ja noch nachvollziehen, aber ein Mörder...?"

Pat sah ihre Felle davonschwimmen.

"Nein..., so genau will ich es auch nicht behaupten. Aber wie erklären Sie sich die ungeklärten Mordfälle und seine Panik, als er mich im Labor gesehen hat? Er war total verändert. Er hatte Angst, dass ich etwas finden würde. Warum schloss er den Kühlschrank ab? Mir kam er vor wie jemand, der etwas zu verbergen versucht. Ich hatte einige Sekunden große Angst vor ihm."

"Ja, Sie haben recht. Warum sollte er die Tütchen verschwinden lassen?. Ich werde die Proben mitnehmen und fortschicken. Wir werden sehen, was mein alter Freund Dr. Mann so alles herausfindet."

Ihr fiel ein Stein vom Herzen. Endlich hatte sie jemanden, dem sie sich anvertrauen konnte, außer ihrem Frank natürlich. Sie fuhren zu Pat und sie gab ihm die eingefrorenen Tütchen.

"Ist eine gute Idee gewesen, sie einzufrieren."
Dr. Knoll lachte.
"Ich bin auch noch Hausfrau und ich weiß, dass man etwas einfriert, um es frisch zu halten."
Sie lachten und dann verabschiedete sich Dr. Knoll.
"Ich werde Sie anrufen, sobald ich die Befunde vorliegen habe."
Pat winkte ihm nach.

Es vergingen zwei Tage. In dieser Zeit ging Pat brav ihrer Bürotätigkeit nach. Torsten bemerkte den Diebstahl nicht, denn er sah nicht nach. Er hatte ja die Schlüssel. Pat erfuhr von Sabine, dass sie ihm das Geld doch gegeben hatte. Liebe macht eben blind. Und woher sollte sie auch wissen, dass er ein Spieler ist. Pat hielt sich bedeckt. Sabine musste erst die rosarote Brille abnehmen. Es war Samstagabend, als das Telefon Pat aus ihrem Tiefschlaf holte. Es war Dr. Knoll.
"Hallo, Mädchen, endlich sind die Befunde da. Wie wäre es, wenn wir uns sehen?"
Er klang sehr vertraut, so als ob er schon etwas getrunken hatte.
"Ja, sicher, wann passt es Ihnen denn?"
"Am besten gleich. Haben Sie schon etwas vor?"
"Nein, ich werde kommen. Ich bin in einer halben Stunde da."
Frank war für drei Tage verreist und Lukas schlief heute bei Chrissi. Pat hatte also Zeit. Viel Zeit.
Das Haus des Doktors war schwer zu finden. Pats Auto fuhr langsam die Straße aufwärts. Es war eine noble Gegend. Endlich! Sie stand vor einem schönen weißgetünchten Haus. Die Blumen sahen sehr gepflegt aus.

Das ganze Anwesen sah sehr gepflegt aus.

Ihr Erscheinen ließ Freude aufkommen. Der Doktor gab ihr seine Hand.

"Kommen Sie bitte, Sie müssen entschuldigen, aber wir kommen gerade von einer Vernissage, und Sie wissen doch, dass ich keinen Sekt vertrage."

Seine Frau kam gerade den Flur entlang.

"Guten Abend, ich hoffe, der Anruf meines Mannes hat Sie nicht zu sehr gestört. Ich wollte ihn abhalten, aber er bestand darauf, Sie anzurufen."

"Nein, keineswegs. Ich freue mich, dass es nun doch noch geklappt hat. Meine Spannung hält sich gerade noch so in Grenzen."

Sie lachten und Pat wurde in ein schönes Wohnzimmer geführt. Ein offener Kamin erregte ihre Aufmerksamkeit. Sie wollte auch schon immer so einen Kamin haben, aber Frank fand so etwas nicht schön.

Dr. Knoll und Pat machten es sich bequem.

"Viel ist es nicht. Es waren tatsächlich einige kleine Hautfetzen zu erkennen. Blutgruppe Bd. Mehr ging nicht. Dafür hatten wir noch kleine Faserteilchen. Baumwolle in hellgrün. Damit kann man nicht viel anfangen. Fast jeder Sechste hat solch eine Blutgruppe. Das wäre kein eindeutiger Beweis."

Pat ließ sich nicht so einfach nach hinten werfen.

"Man muss herausbekommen, welche Blutgruppe Dr. Eichler hat. Kann man mit Haaren eine DNA–Analyse machen?"

"Aber ja. Wo wollen Sie die Haare herbekommen?"

Er sah Pat staunend an.

"Er übernachtet öfter bei Sabine. Er hat bestimmt eine Haarbürste dort. Kann man anhand der Haare die

Hautzellen zuordnen?", fragte Pat, um Sicherheit zu bekommen.

"Ja, könnte man, aber das ist sehr aufwendig. Ich glaube nicht, dass man auf vage Vermutungen hin einer so teuren Untersuchung zustimmt. Auch wenn ich meinen Kollegen darum bitte, ohne einen Auftrag von der Staatsanwaltschaft wird sich da kein Rad drehen. Es tut mir leid."

Pats ganze Hoffnung war dahin. Sie musste ihn überführen, koste es, was es wolle!

"Sabine ist in Lebensgefahr. Nicht auszudenken, wozu er noch alles fähig ist."

Ihre Stimme klang weinerlich. Pat wollte es nicht, doch sie konnte nicht dagegen ankämpfen.

"Machen Sie sich keine Gedanken. Er ist immer sehr vorsichtig gewesen, deshalb wird er auch jetzt nicht einfach so jemanden töten", versuchte Dr. Knoll sie zu beruhigen.

"Sie glauben doch auch, dass er ein Mörder ist. Warum helfen Sie mir nicht! Es muss doch einen Weg geben, koste es, was es wolle!"

Ihre Stimme klang sehr überzeugt.

"Ich werde mich darum kümmern. Bitte unternehmen Sie nichts."

Er klang auf einmal sehr ernst. Seine Frau hatte sie allein gelassen. Erst jetzt kam sie ins Zimmer.

"Kann ich Ihnen noch einen Kaffee anbieten?"

Pat verneinte dankend.

Zu Hause angekommen, ordnete sie erst einmal ihre Gedanken. Sie hoffte, dass das Wochenende schnell vorbeiging. Jetzt brauchte sie Frank mehr denn je.

Ihr Plan war geschmiedet. Sie nahm das Diktiergerät von Frank und fuhr ins Büro. Dort angekommen, musste sie ihre Ausrüstung holen und in ein Einfamilienhaus fahren. Dort hatte sich letzte Nacht eine Familientragödie abgespielt. Der Familienvater hatte erst seine Frau, dann die Kinder und zum Schluss seine Mutter erschlagen. Danach hat er sich an dem Haken der Zimmerleuchte erhängt.

Ein grausiges Bild bot sich. Für einen Moment vergaß Pat die Mordgeschichte Dr. Eichlers.

Im Institut angekommen sprach Dr. Eichler, über der Leiche des Mannes stehend:

"Kehlkopfhörner gebrochen, Blutungen am Zungenrand."

Sein Diktiergerät war sein bester Freund. Pat stand in einer Ecke und bereitete ihre Kamera für Nahaufnahmen vor. Es war 22.00 Uhr. Sie legte einen neuen Film ein und beobachtete ihn mit größter Sorgfalt. Er war in seinem Element und redete unaufhörlich.

"Untersuchungen am Kehlkopfgerüst: Bruch des linken oberen Kehlkopfhornes, doppelter Bruch der vorderen Spange des Ringknorpels. Schlußfolgerung: Der Bruch des Ringknorpels kann nicht durch Erhängen zustande kommen. Er ist nur bei alten Leuten brüchig und porös. Dieser Mann hat sich nicht aufgehängt. Er wurde erwürgt. Es sollte wie ein Selbstmord aussehen."

Irgendwie beeindruckte er Pat mit seiner Vorgehensweise. Er war sehr gescheit. Trotzdem ließ sie nicht von ihren Vermutungen. Wer so viel Ahnung hatte, konnte ganz schnell mal einen Mord vertuschen.

"Ganz schön ausgebufft, es als Selbstmord aussehen zu lassen. Der Mensch musste Ahnung haben", sagte er zu Pat.

Sie erschrak, denn die ganze Zeit redete er mit seinem Diktiergerät.

"Ja, es gibt eben Menschen, die verstehen ihr Handwerk. Nicht wahr, Doktor?"

Er sah sie aufgeschreckt an. Pat fasste unbemerkt in ihre Jackentasche und schaltete das Diktiergerät an.

"Ja, man glaubt es nicht. Es gibt Mörder, die fasst man nie."

Er sah Pat lächelnd an. Er bewunderte solche Menschen.

"Sie müssten es doch am besten wissen, Dr. Eichler."

Ihre Stimme klang sehr überzeugt und fest, dabei wäre sie bald vor Angst umgefallen.

"Wie meinen Sie das?", er wirkte mit einem Mal sehr nervös. Seine Unsicherheit sah man ihm an. Pat hatte die Oberhand.

"Was reden Sie da für einen Schwachsinn...?"

"Ich rede keinen Schwachsinn. Wir beide wissen, wovon ich rede. Frankfurt 13.1.93; Bochum 29.3.96 und München 30.3.98. Kommen Ihnen diese Daten bekannt vor?"

Sein Blick verfinsterte sich.

"Ja, und was sagt Ihnen das? Es waren einmal Gerichtsfälle, die ich bearbeitete..., und sonst noch einige Probleme?"

Er sah sie mit böser Miene an. Pats Herz raste.

"Ich weiß mehr, als Sie es sich vorstellen können. Sie sind krank."

Sie hielt immer soviel Abstand, dass der Seziertisch dauernd zwischen ihnen war.

"Ich bin krank?", er lachte schrill, "was habe ich denn,

Frau Doktor?"

"Sie sind spielsüchtig! Sie haben sich erpressen lassen und einige Beweise verschwinden lassen, weil Sie Geld brauchten."

Er stand mit derselben Miene vor Pat, wie damals, als sie die Tütchen gefunden hatte. Er war nicht mehr er selbst.

"Ach ja,... und wie kommen Sie zu dieser Erkenntnis?"

Sie durfte ihm nicht alles sagen, nur so viel, um ihn in den Glauben zu versetzen, dass sie ihn in der Hand habe.

***

ZUR SELBEN ZEIT KLINGELTE ES BEI SABINE AN DER TÜR

Dr. Knoll stand aufgeregt vor der Haustür. Als die Tür sich öffnete, rannte er gleich an Sabine vorbei:

"Bine, Kleines, ist Frau Bohlig bei dir?"

Sabine stand im Schlafanzug im Korridor und musterte den Doc.

"Was soll denn Pat bei mir? Ich glaube, Dr. Eichler und Pat sind noch im Institut. Wir hatten heute einen Massenmord. Ein Familienvater..."

"Ja, ist schon gut, wir müssen, so schnell es geht, dort hin. Zieh dir etwas über, ich erkläre es dir unterwegs. Nimm deine Dienstwaffe mit!"

"Warum?", Sabine schien störrisch in der Ecke zu stehen und wollte partout nicht aus dem Haus. Schließlich schienen die Überredungsversuche Dr. Knolls doch zu fruchten. Sabine begab sich endlich ins Schlafzimmer, um sich umzuziehen.

***

Ein Wort gab das andere. Dr. Eichler wurde immer gereizter.

"Ja, natürlich habe ich sie alle umgebracht...", er sprang mit einem Satz auf sie zu, hielt ihr den Mund zu und flüsterte mit schizophrener Stimme:

"...und dich werde ich auch töten. Ich habe nichts mehr zu verlieren!"

Er griff ihr fest um den Hals und drückte langsam zu.

"Ich werde dich nicht sofort töten, denn ich muss mir noch überlegen, wie ich dich entsorge."

Pat wurde es übel. Sie hoffte darauf, dass eventuell die Reinigungsfirma etwas früher zum Dienst erscheinen würde, aber das war aussichtslos.

Er band sie an der Leiche fest, knebelte sie und ließ sie für einige Sekunden allein. Pat merkte die Kühle, die von dem Toten ausging. Sie versuchte sich nicht zu übergeben, denn sie hatte noch den Knebel im Mund.

Kurz darauf kam er wieder. Seine Augen flackerten und Schweiß stand ihm auf der Stirn.

"Wer weiß noch davon?", hörte Pat ihn fragen. Er stand hinter ihr und versuchte sie noch fester an die Leiche zu binden. Er nahm ihr den Knebel aus dem Mund.

"Mehrere Leute, ich habe es einigen Leuten erzählt", erwiderte sie.

"Das glaube ich nicht, denn sonst hätte man mich schon verhaftet...; du weißt gar nicht, warum ich es tat." Seine Stimme klang für einen Augenblick hilflos, fast weinerlich.

"Ich will es auch nicht wissen. Sie kommen nicht mehr davon, dafür habe ich schon gesorgt."

Pat wunderte es, dass sie trotz ihrer schlechten Lage

noch eine so große Klappe hatte. Vielleicht nennt man so etwas 'Überlebenskampf'. Er hätte sie sofort töten können. Pat hatte Angst. Er knebelte sie wieder, schloss die Kühlhalle auf und schob sie samt der Leiche in die Kühlhalle.

"So, meine kleine Schnüfflerin", seine Stimme hatte wieder ihren gewohnten bösen Klang, "meine Frau hat mich schon vor dir gewarnt. Ich bin also vorbereitet. Leider bist du etwas schneller als erwartet. Hättest deine Nase nicht ganz so weit vorstrecken sollen. Ich werde jetzt die Tür schließen und du wirst friedlich einschlafen. Bin ich nicht nett? Ich erspare dir einen grausamen Tod. Vielleicht liegt es daran, dass ich dich schon immer gemocht habe? Schlaf gut! Hier in der Leichenhalle wird dich niemand vermuten."

Er schloss die Tür und eine eisige Kälte umwebte ihren Körper....

***

Pats Augen klebten zu und sie bekam sie nicht auf. In der Ferne hörte sie einige vertraute Stimmen.

"Sie kommt zu sich,... Pat, hallo, ich bin es, Frank."

Ihre Augenlider waren immer noch wie Blei und sie bekam sie nur sehr schwer auf.

"Hallo..., Frank...", hörte sie sich leise sagen. Ihre Zunge war trocken und ihr taten sämtliche Glieder weh.

"Was ist passiert?", Pat sah Dr. Knoll, der an ihrem Fußende stand. Er sah sehr lädiert aus.

"Ich werde Ihnen die Einzelheiten erzählen."

Er setzte sich auf den Stuhl, der neben dem Bett stand. Frank und Lukas hatten leise das Zimmer verlassen.

"Sabine und ich sind in das Labor gefahren, Ich hatte

ihr einige wichtige Einzelheiten erzählt. Wie von Ihnen angenommen, glaubte sie mir nicht. Ihr blieb aber nichts weiter übrig, als mit mir zu fahren."

Pats Augen gewöhnten sich an das Licht und sie sah sich Dr. Knoll erst einmal genauer an. Er hatte um seine linke Hand einen Verband und an seinem Hals waren große Abschürfungen.

"Was ist mit Ihnen passiert?", ihre Stimme wirkte noch sehr schwach.

"Mir geht es ganz gut, aber erst erzähle ich Ihnen, was noch geschehen ist."

Er nahm ihre Hand in seine und streichelte sie sanft. Das Zimmer sah schön hell und freundlich aus und die Sonne blinzelte leicht hinein.

"Als Sabine und ich das Institut erreicht hatten, liefen wir sogleich in die Obduktionsräume. Ich hatte zuvor bei Ihnen angerufen, doch Ihr Mann sagte, dass er seit geraumer Zeit schon auf Sie wartete. Er war früher als erwartet zurückgekommen. Dr. Eichler stand in einem der Räume und er wirkte etwas nervös. Schweiß stand ihm auf der Stirn, obwohl es eigentlich immer sehr kühl dort ist. Wir begrüßten uns und ich begann belanglose Sachen zu reden. Sabine war dabei, die anderen Räume nach Ihnen abzusuchen. Ich hatte ihr von Ihrem Plan erzählt, dass Sie Dr. Eichler mit allen Mitteln überführen wollten. Nach einer kurzen Redepause fragte ich Eichler, ob er weiß, wo Sie sind. Er verneinte und ich merkte, dass er sehr schnell versuchte, den Raum zu verlassen."

Pat nickte zustimmend.

"Ja... ich habe Sie reden hören. Ich konnte mich aber nicht bemerkbar machen, weil er mir einen Knebel

zwischen die Zähne gesteckt hatte."
Dr. Knoll tätschelte ihre Hand.
"Ich konfrontierte ihn nun doch mit Ihrer Theorie über die ungeklärten Mordfälle. Er lachte mich aus, doch als ich ihm Einzelheiten schilderte, wurde er wütend. Er wollte weglaufen, doch ich verstellte ihm den Weg. Er war wie ein wildes Tier. Ich musste in Deckung gehen, damit ich keinen Stuhl an den Kopf bekam. Er schrie:
'Sie können sich gar nicht vorstellen, warum ich es tat. Meine Frau hat versucht, mich zu erpressen. Sie wollte Geld von mir!'
Plötzlich nahm er ein Skalpell und sprang auf mich los. Er sagte:
'Ich konnte nicht zahlen.'
Er schlang blitzschnell seinen Arm um meinen Hals und hielt mich mit dem Skalpell in Schach. Er flüsterte mir leise ins Ohr:
'Ist doch eine super Sache, sicher an Geld zu kommen. Ich musste sie alle töten, ansonsten hätte sie mich ruiniert.'
Er schubste mich an die Kühlhallenwand und ging auf mich los:
'Es tut mir leid, aber Sie muss ich auch töten. Ich habe gerade wieder eine Frau an der Hand, die mir anstandslos Geld gibt.'
Ich sah hinter ihm, dass die Tür aufging. Es war Sabine. Sie muss alles gehört haben. Ich versuchte nicht an ihm vorbeizusehen, um Sabines Erscheinen nicht auffliegen zu lassen. Sie stand mit gehobener Waffe dort und starrte ihn an. Er muss es gespürt haben, denn plötzlich drehte er sich um.
'Sabine, es ist nicht so, wie du denkst. Ich liebe dich,

das musst du mir glauben', er ging langsam auf sie zu.
Sie zitterte.
'Bleib stehen oder ich muss schießen!'
Er ging weiter auf sie zu.
'Ich weiß, dass du mich nicht erschießt, denn du liebst mich.'
Plötzlich krachten Schüsse. Dr. Eichler sank langsam zusammen. Sabine stand immer noch mit erhobener Waffe da. Sie stand unter großem Schock. Sie lief weinend aus dem Raum. Nun musste ich Sie noch finden. Meine Gedanken waren erfüllt von dem Gedanken, dass er Sie getötet hat. Eine ganze Sucheinheit durchsuchte das Klinikgelände. Nach drei Stunden hatte ich eine Idee. Eichler hat immer alles geplant, aber dass Sie nun auftauchen und ihn mit den Morden konfrontieren, damit hat er nicht gerechnet. Er musste Sie erst einmal auf 'Eis' legen, damit er sich einen schönen Platz für Sie ausdenken konnte. Somit bin ich auf die Idee mit dem Kühlhaus gekommen. Ihre Körpertemperatur war auf etwa 27 Grad abgesunken. Klinisch tot, sozusagen, aber Ihr Körper ist durch die Kälte in eine Art Winterschlaf gefallen. Ihre Körperfunktionen liefen nur noch auf Sparflamme und das hat Ihnen das Leben gerettet. Frau Eichler war der Kopf des Ganzen. Sie haben sich nur zum Schein scheiden lassen. Sie war spielsüchtig und er musste das Geld heranschaffen. Er war ihr so verfallen, dass er sogar tötete."

Er streichelte noch immer Pats Hand.

"Sie ist verhaftet und hat ein Geständnis abgelegt. Frau Eichler hat sich in Spielkasinos an die Opfer herangemacht und ihnen das Geld aus der Tasche gezogen. Sie unterschrieb alle Schuldscheine, die Dr. Eichler dann nach der Tat wieder an sich nahm. Ich bin froh, dass diesen Menschen das Handwerk gelegt wurde."

Er atmete tief ein, so als ob ihm eine große Last von der Seele genommen wurde.

"Weißt du, Mädchen, ich bin froh, dich wieder zu haben."

Sie sah in seine feuchten Augen und bemerkte, dass er sie duzte. Pat drückte seine Hand.

"Es ist immer gut, einen wahren Freund zu haben", sagte sie und dabei lief ihr eine Träne aus dem Augenwinkel.

Dr. Knoll stand auf. Er hatte sich wieder gefasst.

"Nun sieh mal zu, dass du wieder gesund wirst. Deine Familie braucht dich."

Sie nickte und er ging aus dem Zimmer. Pat schloss die Augen und ihre Gedanken fuhren Achterbahn.

Sie wollte nur noch bei Frank und Lukas sein. Die Müdigkeit übermannte sie und Pat hoffte, dass alles nur ein böser Traum war.

*** E N D E ***

Im **ARA Verlag** sind bisher erschienen:

Alles schon vergessen?
Geschichten aus der DDR
Autor: Hagen Schmidt
82 Seiten, Paperback, 16,50 DM
ISBN 3-934221-01-7

Einheitsbrei und Nachwendewehen
Nach-Denkliches zum deutsch-deutschen Miteinander
Autor: Sigurd Rank
76 Seiten, Paperback, 14,80 DM
ISBN 3-934221-02-5

Jagdhunde und ihre Geschichten
Autor: Wolfgang Ahrens
64 Seiten, Paperback, 14,80 DM
ISBN 3-934221-03-3

Und es geht doch!
Ein fragender Ossi und ein forschender Wessi leben deutsche Einheit miteinander
Autoren: Hagen Schmidt, Sigurd Rank
56 Seiten, Paperback, 14,80 DM
ISBN 3-934221-04-1

Ich freue mich - zu sein
Gedichte
Autor: Sigurd Rank
144 Seiten, Paperback, 19,80 DM
ISBN 3-934221-05-X

KLEINE REIHE
Der Hausmannturm erzählt
Autor: Walter Ross
32 Seiten, Heftung, 7,80 DM
ISBN 3-934221-06-8

Autoren der Quedlinburger Lese-Abende
AQUELA 1
Autoren: Ingeborg Engel, Nicole Hausmann,
Sigurd Rank, Dieter Schönefeld,
Jürgen Schultze-Motel, Dagmar Steinbrecher
84 Seiten, Paperback, 14,80 DM
ISBN 3-934221-07-6